格罗斯曼说，
经济为什么会失败

[美] 理查德·S. 格罗斯曼（Richard S.Grossman）◎著

张 淼 ◎译

新世界出版社
NEW WORLD PRESS

Wrong: Nine Economic Policy Disasters and What We Can Learn from Them
Copyright © 2013 by Richard S. Grossman
All rights reserved including the right of reproduction in whole or in part in any form.
This edition published by arrangement with Bernstein Literary Agency through Andrew Nurnberg Associates International Ltd.
Simplified Chinese edition copyright © 2017 by Grand China Publishing House
All rights reserved.

No part of this book may be used or reproduced in any manner whatever without written permission except in the case of brief quotations embodied in critical articles or reviews.

本书中文简体字版通过 Grand China Publishing House（中资出版社）授权新世界出版社在中国大陆地区出版并独家发行。未经出版者书面许可，本书的任何部分不得以任何方式抄袭、节录或翻印。

北京版权保护中心海外图书版权合同登记号：图字 01-2016-2241

图书在版编目（CIP）数据

格罗斯曼说，经济为什么会失败 /（美）理查德·S. 格罗斯曼（Richard S. Grossman）著；张淼译 .—北京：新世界出版社，2017.01

ISBN 978-7-5104-6034-0

Ⅰ．①格… Ⅱ．①理… ②张… Ⅲ．①经济学－通俗读物 Ⅳ．① F0-49

中国版本图书馆 CIP 数据核字（2016）第 265090 号

格罗斯曼说，经济为什么会失败

作　　者：[美]理查德·S. 格罗斯曼（Richard S. Grossman）
译　　者：张　淼
策　　划：中资海派
执行策划：黄　河　桂　林
责任编辑：贾瑞娜
特约编辑：蔡文枫　乔明邦
责任印制：李一鸣　廖国兰
出版发行：新世界出版社
社　　址：北京西城区百万庄大街 24 号（100037）
发 行 部：(010) 6899 5968　(010) 6899 8705（传真）
总 编 室：(010) 6899 5424　(010) 6832 6679（传真）
http ://www.nwp.cn　　http ://www.newworld－press.com
版 权 部：+8610 6899 6306
版权部电子邮箱：frank@nwp.com.cn
印　　刷：深圳市福圣印刷有限公司
经　　销：新华书店
开　　本：787mm×1092mm　1/16
字　　数：202 千
印　　张：17.5
版　　次：2017 年 1 月第 1 版　2017 年 1 月第 1 次印刷
书　　号：ISBN 978-7-5104-6034-0
定　　价：48.00 元

版权所有，侵权必究
凡购本社图书，如有缺页、倒页、脱页等印装错误，可随时退换。
客服电话：(010) 6899 8638

露丝，我的爱人

你，我的朋友，我的家人，
是我回头的路，亦是我前眺的景，
占据了我的现在、过去，
以及从过去到现在的每时每刻。
是我出发的理由，也是我归来的借口，
你，定义了我的所来与所往……

雷恩哈德·梅

意识形态的问题在于，
你在查看证据之前，就已经得出了答案。
你不得不改变证据，让证据符合你的结论。
这种做法行不通。

美国前总统比尔·克林顿

2012 年 9 月 20 日

权威推荐

巴曙松
国务院发展研究中心金融研究所副所长
研究员、博士生导师

  在这本书中,作者在九个经济决策的重大失误案例中,反复强调了先入为主的观念先行的危害以及冰冷而且坚硬的经济分析在经济决策中的必要性。作为一个经济史学者,他从历史文献中发掘出许多有价值的史料来支持这些看法。当然,经济政策的错误很难准确分类,经济政策的决策和实施也不是在真空中进行的,常常受到特定的政治、历史环境等因素的影响。但是即使如此,作者的分析也提供了一个独特的视角。

刘 英

中国人民大学重阳金融研究院合作研究部主任

研究员

  本书通过通俗易懂的语言，再现了过去两百年间最糟糕的九大经济政策错误，并反思由于决策失误而导致的悲剧，同时对表象背后的原因做出了深入阐释。正确的经济政策需要建构在冷静、科学地分析的基础上。本书所介绍的政策决策失误有的是囿于意识形态，有的则是由于决策者仅根据逻辑推理做决策，缺乏对经济状况进行足够客观的分析，其涉及的国家遍及欧、美、日，从这些错误当中总结出来的宝贵经验，对当下的经济政策制定者与研究者都有重要的借鉴意义。

拉格拉迈·拉詹（Raghuram Rajan）

印度央行行长

IMF 前首席经济学家

  这是一本讲述灾难性经济政策的书，它非常吸引人。如果你不想眼睁睁地看着自己成为引发"大萧条"的罪魁祸首，或者因为一点点税收就失掉整个殖民地，那就快读一读本书。它甚至还解释了为什么我们深陷经济泥沼而不能自拔。书中充满了各种历史小插曲。这是一本介绍人类经济大挫败的概论。

劳伦斯·H.萨默斯（Larry Summers）
美国前财政部长
哈佛大学前校长

数百万人遭受着不幸，国家衰落，战争频发……这一切皆因政策的失误。尽管政治家和军事家们反复地研究学习珍珠港战役、越战或者慕尼黑惨案，但经济学家们却不知道从过去的失败中吸取经验教训。这使得本书尤为可贵和新颖。每一个重大经济政策的制定者以及那些想要了解或影响经济政策的人都应该读一读本书。

巴里·艾肯格林（Barry Eichengreen）
加州大学伯克利分校经济系客座教授

那些不以史为鉴的人注定不会吸取教训。理查德·S.格罗斯曼记述了意识形态而非经济思辨决定公共政策的时代。他用犀利风趣的语言回顾了历史的经验，告诉我们意识形态如何让人类误入歧途。

罗杰·洛温斯坦（Roger Lowenstein）
《华尔街日报》资深财经记者
畅销书《拯救华尔街》作者

格罗斯曼激发起我们对历史细节的兴趣……他用优美的散文叙述和详细的摘要，把长达数个世纪的"经济愚蠢史"贯穿起来。

休·罗考夫（Hugh Rockoff）

我十分佩服这本书，书中格罗斯曼提出了一个重要的问题，他的推断合理且和谐。他还是一位著名的经济学教授，很少有经济史学家具备像他一样的写作能力。

《伦敦政治经济学院书评》

《格罗斯曼说，经济为什么会失败》一部迷人的、重要的作品，它提供了有趣的细节和新视角。

乔尔·坎贝尔（Joel Campbell）

让我们共同期待，下一个重要的经济政策制定过程中，政治家可以抛开意识形态，阅读此书。

推荐序

巴曙松
国务院发展研究中心金融研究所副所长
研究员、博士生导师

经济政策为什么会出错?

经济政策决策是一个复杂的过程,可以由许多角度解读,其中,回望历史,始终可以给研究者和决策者提供不同的启迪。格罗斯曼(Richard S. Grossman)是卫斯理大学的经济学教授,从其出版的一系列著作来看,他更擅长于从经济历史的角度进行研究。他在2013年出版的《格罗斯曼说,经济为什么会失败》(*Wrong: Nine Economic Policy Disasters and What We Can Learn*

From Them，Oxford Press，2013）中，搜集了欧美国家过去 200 年来的九个有代表性的重大经济政策错误进行分析，尝试从经济决策的失误历史中找到改进经济政策决策的蛛丝马迹。

从经济史中寻找经济决策出现重大失误的关键原因

在现代社会中，经济政策决策是由一小部分决策者进行的，但是却影响到广泛的公众利益，一个重大的经济决策失误，小则冲击到一个企业、行业乃至国家的利益，大则可能导致经济金融危机。书中列举了爱尔兰大饥荒、英国的金融动荡，如果时光可以倒流，读者身处当时的动荡之中，一定会有惊心动魄之感。因此，现代的经济决策者，在理解中国古人所说的"公门之中好修行"时，一定别有感悟，因为这些经济决策并不仅仅是办公室中的纸面工作，而是涉及千万人的经济福祉；同时，现代经济决策的专业化程度日益提高，也需要有更加多元而深入的专业知识来支持决策。从这个意义上来说，经济决策需要使命感、责任感和专业水准兼具。作为亲历大萧条的学者，诺贝尔经济学奖获得者托宾就一直认为，现代经济学家的使命就是要避免大萧条这样毁灭性的危机再次发生。

分析经济决策的失误历史同样有很多角度，本书选

择的是作者一直强调的一个独特角度。他发现，包括本书选择的九个欧美国家的经济决策重大失误在内，许多经济决策的重大失误，主要在于决策者是先入为主、自以为是的惯例和观念先行，而不是客观冷静地分析评估把握事实先行。所谓经济决策中的"先入为主的观念先行"，具体就是指在分析考察事实之前，决策者自己其实已经根据自己一贯的看法和所形成的理念先验地给出了答案，并没有注意到真实的经济环境，没有进行作者所说的"冰冷并且坚硬"（cold and hard）的基于经济规律的分析和判断。

迎合特定环境下的公众情绪和热情，与立足于冰冷而且坚硬的经济分析，往往会得出截然不同的决策结论。我曾经与一位在欧洲不同国家工作多年的跨国企业高管讨论，他说有两个国家的表现令人印象非常深刻：一个是希腊，他认为是公众比较情绪化、决策者也比较迁就这种情绪化的代表，尽管在金融危机中大家都知道希腊负债累累，但是要采取调整措施时，每个人都不愿意主动接受这种调整，一旦自己的利益受到损害就上街游行，导致结构调整进展缓慢；另外一个代表是德国，他认为德国之所以在此次危机中表现良好，是因为德国在前一个周期中主动进行了结构调整，其中几个措施就包括降低德国工人的工资福利等一揽子改革措施以增强德国企业的竞争力。当时德国的领导人冒着丢失选票的压力积极推进这种改革，曾有电视节目中采访一位普通的德国工人，这位工人在采访中说的话让他作为一个跨国企业的管理者感到印象深刻，这位工人说，"我们要么是现在降低工资福利但是未来还有不错的工作，要么是现在拒绝降低工资福利但是未来失去竞争力而没有工作"。如果要简单分类的话，德国的决策者和工人等民众在这个事件中的表现，更多的是基于冰冷而且坚硬的经济理性的分析，因此更值得尊敬。

可以从九个欧美经济史上的重大决策失误中得到什么教训？

在这本书中，作者在九个经济决策的重大失误案例中，反复强调了先入为主的观念先行的危害以及冰冷而且坚硬的经济分析在经济决策中的必要性。作为一个经济史学者，他从历史文献中发掘出许多有价值的史料来支持这些看法。当然，经济政策的错误很难准确分类，经济政策的决策和实施也不是在真空中进行的，常常受到特定的政治、历史环境等因素的影响。但是即使如此，作者的分析也提供了一个独特的视角。

例如，作者认为，英国在当时流行的重商主义思潮影响下实施错误且得不偿失的《航海法案》，直接导致了美国独立。而《航海法案》实际而言总体上对美国的税收负担并不沉重，只是对烟草等特定行业影响剧烈，但正是处于费城等地的烟草种植业者，成为了独立战争的坚定力量。又比如当前欧元区的经济动荡，作者认为在欧元区成立之初就已经埋下了隐患，因为欧元区经济发展水平的高度差异化并不适合成为一个单一的货币区，但是当时欧洲决策者中整合的理念被优先放到这个差异化的事实之前了。

作者从对历史案例的比较分析中也强调，经济政策的重大失误还来自于个人利益积极参与决策过程所带来的负面影响。从实施效果看，在欧美经济政策决策中，无论决策者事前是如何强调特定的决策是为整个社会和公众服务的。但在实际上，特定的经济政策往往仍是为特定的利益集团而不是为整个社会的利益服务的；从更一般的意义上说，这是一个公共选择和相互博弈的过程，不同利益主体的受益或受损程度不一样，参与政策决策和实施的程度自然会不一样。例如，英国在 1925 年决定回归金本位，导致经济金融体系的大动荡，在很大程度上除了是为了回应英国国民对昔日金本位时期的辉煌历史的怀念之外，伦敦金融业的利益及其积极参与推动也是重要的影响因素之一。而美国次贷危机爆发的导火索之一，可以归结为在经济扩张时期，美国强大的金融行业趁势扩张金融业版图，不断利用自身的影响力来游说立法者和监管者放松管制所致。美剧《纸牌屋》在中国观众中很受欢迎，反而在美国市场上受欢迎的程度远远不如许多本土的连续剧，剧中对华盛顿政治争斗的带有戏说性质的描述也经常被人们调侃，但是有一点是值得肯定的,那就是该剧描述了任何一个美国的经济政策决策,实际上都是不同利益主体在大致上为各方接受的争斗框架下进行博弈的过程,我们通常更多的是看到这些经济决策的结果,但是这些结果往往只是冰山露出海面的一角而已。

作者从历史经济决策失误的对比研究中还发现,经济政策的错误还来自于决策者试图以封闭的决策思路和所谓国家主义的政策举措,将一些经济政策实施的成本转嫁到海外市场,从而自身回避承担其应当承担的成本。从历史对比来看,这种决策即使短期内看起来很美,也往往会因为其不可持续而带来重大的冲击和政策失败,如英国对美国的税收政策,以及以法国为代表的欧洲国家对"一战"后德国的经济政策,就是典型的代表。如何着眼于全球的经济发展趋势,在符合全球经济和产业发展规律的基础上制定经济政策,合理分配经济决策的成本收益,才是可持续发展之道。

从历史的经济决策失误案例对比中可以看出,经济决策和实施的过分延误,丧失了经济决策的重要时机,也是导致经济政策出现重大失误的主要原因之一。日本对于银行体系不良资产问题的一再拖延,是导致日本陷入"失去的10年"的重要原因之一。"大萧条"期间,英国决策者快速行动,及早同金本位脱钩,这样就比其他一直套着"黄金枷锁"的国家要更为轻松地应付国际经济的动荡并且较早复苏。

从历史发展看，全球的经济决策者也在不断地学习和改进，尤其进步明显的是他们不再狭隘地理解国家利益，而是从全球角度不断推进贸易投资的发展，即使受到金融动荡的冲击，这一趋势依然没有改变。而在历史上，一受到冲击就尝试限制资本和商品的自由流动往往会加剧经济形势的恶化。各国的决策者从"一战"后刻意坚持对德国的高额惩罚导致德国经济社会不可持续并发生新的危机中汲取教训，对"二战"后的德国和日本采取了相对宽松的政策，支持其重建国家，这样更有利于世界和平。在次贷危机之后，从总体趋势看，各国依然还是在大致沿着推进降低国际贸易和投资的成本及壁垒的方向努力。

如何克服先入为主、理念先行的经济决策重大失误？

根据作者的分析，从国际比较看，从九个欧美经济史上重大的经济决策失误看，经济政策出现重大失误最大的教训之一，是决策者主要根据习惯和习以为常的惯例、理念进行决策，而不能及时评估新的经济环境是否已经超越了传统智慧的覆盖范围。

一个具体的案例是，英国采用金本位制90多年，在这段时期，英国成为全球最为重要的工商、金融和军事帝国，给英国公众留下了荣耀的历史记忆，尽管国际经济环境已经出现巨大变化，但是英国的公众和政策决策者可能还是难以摆脱对这一体制的迷恋。

从各国经济决策的比较看，经济政策决策出现重大失误的一个错误原因，还在于经济决策团体有意无意地希望追求片面共识倾向，而不太愿意听到不同的声音和看法。有研究者专门研究了英格兰银行在几次大的危机时期的内部文献，发现在危机前夕，也有一些工作人员意识到问题所在，但是他们在强调片面共识的环境下，常常有意改变措辞和看法以迎合上级的判断，自觉地与英格兰银行长期形成的习惯看法保持一致。因此，这也是为什么有不少研究者高度评价有三百年历史的英格兰银行在2013年首次邀请加拿大人马克·卡尼来担任英格兰银行行长的做法，因为这在长期形成了一致决策习惯的英格兰银行内部，至少引入了不同的观点和看法。

与此形成对照的是，美国联邦储备银行的货币政策决策被视为是较为包容和多元的，在1913~1914年建立初期，美国联邦储备体系由12家区域性的联邦储备银行组成，每家联邦储备银行都有较大的独立性，尽管现在这种独立性随着联邦储备银行逐步地集中权力而有所减弱，但是依然保留了一个重要的特点，即每家联邦储备银行都有自己比较强的研究部门，每次联邦储备银行系统开会，都可以听到不同地区的联邦储备银行站在不同角度的观点和看法，而不是完全统一的、单调的美联储的一个看法。

从这个意义上来说,在比较经济决策历史的基础上,可以看出,欧美国家试图避免经济政策决策重大失误的一个重要措施,就是在决策过程中的经济观点的多元化。

如果说先入为主的理念先行容易导致经济决策的重大失误,那么,经济政策的决策者如何才能知道自己所一直奉行的经济决策逻辑是错误的,需要跳出原有的决策框架进行思考呢?无论从理论还是实践上,这都是一个巨大的挑战,但是经济学给了我们不少理论和实践的"冰冷而且坚硬"的分析工具。例如,可以评估不同变量之间的相互关系,成本收益分析可以比较不同政策的收益及其带来的成本大小,历史和比较的分析可以促使决策者对比历史上类似的经济政策所产生的政策效果的好坏。这些方法都有其作用,但是也有其局限性,如理论和量化的分析受限于数据的可获得性;成本收益比较需要依赖于许多不可知的变量;而历史和比较分析则往往有一个严格的假定,那就是:经济变量之间的关系在跨越时间和空间之后,依然是稳定的。当然,尽管冰冷而且坚硬的经济分析工具有这样或那样的缺陷,这些客观独立的分析工具,还是有利于避免决策者陷入先入为主的主观决策失误惯性思维之中。

正如作者在书中所反复强调的,经济决策如何平衡特定私人部门的利益和公共利益,也是一个重要的挑战。次贷危机之后,美国的监管者提出了以《多德-弗兰克法案》为代表的强化监管的措施,在这些政策的实施过程中,不同利益主体依然会基于自身的利益参与进来,并影响政策的决策和实施过程。在开放的社会条件下，也不可能限制这些企业和个人参与到政策的决策过程中来，因此相对较普遍被接受的方式，就是保持决策和实施过程的相对透明，使得一个特定部门对整个政策实施影响的过程可以被公众充分了解和评估。

2014 年 3 月 25 日于纽约
哥伦比亚大学商学院

文章来源：本文依据《国际金融报》2014 年 4 月 7 日刊登的文章《经济政策为什么会出错》整理。

中文版序言

理查德·S. 格罗斯曼

政策智慧多元化，转型改革更开放

《格罗斯曼说，经济为什么会失败》还原了过去200年里几大最糟糕的经济政策带来的灾难。本书将重点放在那些灾难发生之时最繁荣、科技最先进、经济最成熟的国家，如处于帝国时代的英国、独立之后到次贷危机期间的美国、"二战"后繁荣昌盛的欧洲和日本。

在这里，我需要强调一点，中国的经济正在慢慢发展。自1979年实行经济改革开放以来，中国的经济发展速度非常惊人。仅在过去35年里，中国每年的实际国内总产值平均增长率达到了10%。据世界银行统计，1981~2010年，约有6.79亿中国人脱离了赤贫。现在，中国不仅是世界最大经济体、制造国、进口和出口国，还是最大外汇储备持有国。虽然中国的财政不如本书提及的国家那么成熟复杂，但假以时日，中国一定能赶上它们。

事实上，中国并没有完全发挥自己的经济潜能。据世界银行统计，中国是一个中高等收入国家，在人均国民总收入排行中位列85~92名。中国的金融机构和市场与美国、西欧、日本相比，缺乏流动性、开放性以及制度优势。人民币还没达到中国领导人想象中的国际货币地位。

中国读者不应该把《格罗斯曼说，经济为什么会失败》当成了解经济超级大国迅速崛起的指南，而应将其当做警示故事，审度中国经济的未来。本书呈现的经验教育，最主要的一点就是：经济政策不应该以意识形态为基础，而应该以坚实的经济分析为基础。自1979年实施经济改革开放以来，中国领导人在大多数情况下都采取了非意识形态、务实的方式制订经济政策。然而，随着中国经济日渐富裕，关于经济政策的观点可能也变得愈发根深蒂固了。但是，中国经济日渐成熟，政策制定者必须培养多元化观点，对新政策理念和方法保持开放态度。经济政策制定者之间如果能进行强有力的循证式辩论，将会给中国带来极大好处,让中国更加繁荣昌盛。

我很感激深圳市中资海派文化传播有限公司和新世界出版社,将本书带给中国读者。我非常感谢本书译者,也感谢参与本书中文版设计、编校和出版的所有人员。

目录

WRONG
Nine Economic Policy Disasters and
What We Can Learn from Them

绪　论　糟糕的经济政策，糟糕的政策制定者？　1

第 1 章　为何有些政策一出即败？　11
从微观视角检验宏观经济得失

政客想影响一项决策，是再简单不过的事情了，但如果碰到一群执拗的经济学家，事情可能会复杂上万倍。毫无从政经验的学术精英和政坛老手打了九场悲壮凄惨的决策战争。在新政面前，到底谁敢于冒风险挑战"传统智慧"，谁还在用"我们一直都是这么做的"进行简单否决？

次贷危机，"繁荣—萧条"的复制品　15
经济学家的"三板斧"　18
咖啡业，服用兴奋剂的欧佩克　23
因何讲述发达富裕国家的案例？　26

XVII

第 2 章 | 不费吹灰之力搞垮一个帝国　31
英国在北美失败的经济政策

在理解经济政策时，常识并不一定可靠。一项看似温和的重商法案，却点燃了美国独立战争的烈焰，究竟是保守固执的英国绅士不屑改变？还是狂妄不羁的美国烟草种植者更渴求革命？

重商主义者谋求商业霸权　35
实力悬殊的贸易大战　38
美国人一步步陷入绝望的贫穷　41
4 倍税负惹的祸？　43
过早丢弃北美殖民地　46

第 3 章 | 央行难以逃脱的宿命与抗争　49
第一合众国银行与第二合众国银行殊途同归

杰斐逊任职美国国务卿期间，竭力反对创建中央银行；他刚出任总统，就摇身变成设立央行的"急先锋"，他的立场为何转变得如此之快？当政治家面临制度的顶层设计时，他的内心承受着怎样的诱惑与挣扎？

最后贷款人的变钱戏法　52
为"信用"而生　56
银行业大扩张前夜，废除央行　57
沦为总统的"宠物"　62
超额发行货币，牢笼之外的权力　67

第4章 堂而皇之不作为 71

爱尔兰大饥荒折射自由市场之殇

执政者笃信科学，原本是好事，但辉格党盲目崇拜"看不见的手"，却上演了一场变相的种族屠戮。从绝对规模到受灾人口，爱尔兰大饥荒都是影响最大的案例。

无法用数字表述的灾难　74
马铃薯，一顿饭都少不了　76
假装制造残忍的错觉　80
"迷恋"自由市场　82
遍地饿殍，仍顽拒粮食进口　85

第5章 政治家，其实更善于学习 89

"一战"后倾力索赔，"二战"后大度赦免

"一战"过后，协约国用"收缴工业和含糊不明的赔款"把德国逼入债务深渊，似乎想使其永世不得翻身。令人大跌眼镜的是，这却成为希特勒崛起的第一个台阶。"二战"过后，德国再次战败，这次为何不仅没有"上不封顶"的债务，更有"马歇尔计划"扶持重建工业？

战败，一笔大负债　92
拿纸币当手纸的德国穷人　96
印钞削减赤字？　98
够了！所有债务取消！　100
赔款"激发"希特勒　102

第 6 章 "大萧条"与"金本位制"因缘际会　105
伯南克的敬畏有迹可循

"大萧条"是理解宏观经济学的圣杯？在老牌经济强国英国的眼皮底下，名不见经传的瑞典如何成为第一个大规模使用纸币的欧洲国家？如果法国人突然不喝葡萄酒，改喝德国啤酒，一个小小的习俗变化如何成为撬动大国汇率的杠杆？

牛顿发明了金本位制？　108
汇率如磐石般稳定　111
黄金，战后王者归来　113
新旧全球货币霸主之争　117
诱人的"黄金枷锁"　120

第 7 章 谁为高额关税买单？　125
贸易自由只存在于教科书

一群贪婪至极的纸牌政客，堂而皇之地提高关税，竟然宣称可以让工人避免沦为"廉价的外国劳工"。经济学鼻祖斯密仗义执言，关税会损害国内消费者。谁为高额关税买单？他们究竟要做政客的待宰羔羊，还是应该做经济学家的忠实信徒？

"幼稚产业"多久成熟？　130
削减关税之路，利益纷争　132
变脸：美国的贸易保护　136
烟雾缭绕的密室政治缩影　139
WTO 早已形同虚设？　143

第8章 日本当局未拉下安灯拉绳　147

危机中的监管何以睁一只眼?

危机袭来,一条"出于善意"的政令,却成为纵容"僵尸企业"篡改会计规则,持续吸血实体经济的保护伞。股房齐崩,跌幅双超50%,誓将买下全世界的日本房奴被迫撕下繁荣时代的"皇帝新装",纵然不愿直面余生无期的贷与债,但不做"活死人",又能如何?

日本财政部护航大银行　151
美元和石油的双重打击　154
金融自由化无疑是"帮凶"155
输血"僵尸企业"158
银行资本不足,怎能健康?　161

第9章 衍生证券大杂烩　165

谁在享用看似只涨不跌的免费午餐?

21世纪第一个10年,美联储把头格林斯潘四处兜售宽松政策,这是他送给小布什连任的灵丹,还是维持美国投机性繁荣的毒药?淹没在批评声中的评级机构穆迪公司的一位董事一脸无奈地说,难道是我们为了金钱而把灵魂出卖给了魔鬼?

惊人扩张,戏剧化崩溃　168
布什减税巧遇格林斯潘降息　170
没资格,却被错当房奴　173
谁在监管? 没有人!　177
贪婪战胜了恐惧　179

第10章 | 欧元已死？　183

意识形态完胜经济理论

美国引燃次贷危机，远在大洋彼岸的欧元区却沦陷为货币地狱，经济强劲勃发的"德国制造"都无法在经济寒潮中屹立，东欧诸多小国如何横渡难关？利率的每一轮飙升都让各国领导人通宵恳谈，牵肠挂肚，这一次应该谁先死？抑或先救谁？

分久必合 VS 不打不相识　187
欧元区，最适度货币区？　192
弃用主权货币的诱因与陷阱　197
"先天不足"的顶层设计　201
危机出路只在前方？　203

第11章 | 以经济史为鉴　207

私人利益、民族利益和国家利益如何兼得？

"一战"过后，丘吉尔极力推动英国回归金本位制，却遭到经济学泰斗凯恩斯的辛辣嘲讽，但在辩论会的最后关头，口齿伶俐的凯恩斯却突然"心不在焉"。强大的民族情感诉求能否抵挡政治上的一意孤行？美国金融业如何在不断迈向危机的过程中既让全世界感受到它的影响力，却又能拉上几个"冤大头"？

把损失转嫁给外国人　211
身陷帕累托游戏　213
政治家的团体迷思　214

致 谢 220

参考资料 222

糟糕的经济政策,糟糕的政策制定者?

绪 论

> 不论对错与否,经济学家与政治哲学家的观点比普通人有更强大的影响力。实际上,世界正在被这些理论统治。自诩对前人智慧免疫的实践者,往往是已故经济学家的精神奴隶。
>
> ——约翰·梅纳德·凯恩斯
> (John Maynard Keynes)
> 《就业、利息和货币通论》
> (*The General Theory*)

雷曼像流星一样陨落

雷曼兄弟是一家具有158年历史的银行，是华尔街成立最早、最著名以及最重要的投资银行之一。2008年9月15日早上，雷曼兄弟正式提交破产申请书。截至破产，美国第四大投资银行雷曼兄弟在全球拥有25 000名雇员，约6 000亿美元资产，而负债却超过10 000亿美元。这是美国有史以来金额最大的一宗商业破产案。

雷曼兄弟破产是次贷危机的一个转折点。随着雷曼兄弟的陨落，美国的金融市场与房地产市场几乎在每个方面的问题都愈演愈烈。在雷曼兄弟银行破产登记的当天，道琼斯工业平均指数下跌4.4%；6个月内，股票价格下跌了40%。股市的崩盘加速了房地产市场的下行趋势。几周之内，抵押贷款的违约率与拖欠率戏剧化地上升，抵押担保证券的价值大幅下跌。雷曼兄弟破产的第二天，美联储为保险业巨头美国国际集团（持有数量惊人的已投保抵押担保证券）提供了850亿美元的紧急贷款，避免了其像雷曼兄弟一样破产的命运。不到三周，乔治·W. 布什总统签署法案，成立了不良资产救助计划（Troubled Asset Relief Program，简称TARP），授权财政部购买或投保7 000亿美元抵押担保证券的"有毒资产"，以此防范金融体系全面崩溃。

从更广泛的经济领域看，雷曼兄弟破产的影响远不止于此。破产案之前，美国的失业率略高于6%。随后的几个月，失业率持续攀升，2009年10月，失业率达到了10%。银行倒闭与企业破产申请持续增多。破产案的第六周，美国国家经济研究局（National Bureau of Economic Research，简称NBER）证实了大家已然知晓的消息，"美国经济正处于衰退之中"。雷曼兄弟破产后的几个月里，政策制定者、

记者与学者将这种灾难性的状态称为"大萧条以来最严重的经济危机"。

希腊退出欧元区，第一个？最后一个？

2009年，另一场金融危机正在8 000千米以外悄悄酝酿。在希腊大选后不久，希腊新任的财政部长宣布，上届政府估算的预算赤字约占GDP的6.7%，高于发达国家的标准，但这个数字依然被严重低估了。最新估算的预算赤字为GDP的12.7%，部分可归咎于美国次贷危机引发的经济衰退，但罪魁祸首还是希腊政府不负责任的财政管理。为了在欧洲议会及希腊议会选举的预备阶段讨好选民，上届政府一直在增加政府支出与削减税收。与此同时，希腊普遍存在的逃税问题更加猖獗。

希腊严峻的财政赤字众所周知，债权人开始怀疑希腊政府是否有能力偿还巨额国债。正因为这种担心，希腊的信用评级降到了欧元区内的最低水平。

希腊政府还发现，现在需要为购买希腊国债的投资者支付越来越高的利息，补偿越来越大的违约风险。整个2009年，希腊10年期国债利率处于4%～6%。2010年10月底，10年期国债利率超过了10%。2011年秋，10年期国债利率达到了20%。2012年3月，10年期国债利率一度超过了35%。与之形成强烈反差，2009～2012年，财政更负责任的德国10年期国债利率几乎不会达到3.5%，通常比3.5%低得多。

破产危机迫在眉睫，希腊政府接触了欧盟其他成员国和国际货币基金组织（IMF），寻求它们的贷款以偿还到期债务。希腊于2002

年前开始使用欧元，投资者也希望希腊如此，而不是发行德拉马克（Drachma）计价的国债，但希腊也丧失了独立发行更多货币的权利。为了避免违约，希腊需要尽快获得1亿欧元的贷款。欧盟与国际货币基金组织同意给希腊贷款，但也开出了一些附加条件，即希腊需要大幅削减政府开支，解雇政府公共部门的雇员，削减补贴，推进国有企业私有化。这些措施的总效应无非是，经济下行趋势加剧，希腊经济整体萎缩。2012年夏天，希腊的失业率超过25%，政治局势出现不稳定迹象。在2012年5月的议会选举中，没有一个政党满足组建政府的条件。

6周后，希腊不得不举行第二次议会选举。希腊的经济与政治不稳定造成了严重的后果，每两次选举中就有一位新纳粹主义政党的候选人胜出，而此前新纳粹主义政党的候选人从未成功入选议会。

恐慌的氛围很快蔓延到其他高负债的欧洲国家，尤其是爱尔兰、意大利、葡萄牙和西班牙，后来到了塞浦路斯。和希腊的情况一样，这些国家都采用欧元作为主权货币，以便更容易地获取国外贷款。潜在借款人更大胆地贷款给欧元区的国家，因为欧元区国家使用相对稳定的欧元偿还贷款，而不使用稳定性不高的爱尔兰镑、意大利里拉、葡萄牙埃斯库多或西班牙比塞塔。和美国一样，爱尔兰和西班牙经历了2000年以来房地产市场的繁荣。当房地产价格上涨时，金融机构纷纷以房地产抵押融资，不断增加贷款的数量。当繁荣的房地产市场崩溃时，很多贷款者发现自己的房产价值还不到他们贷款的金额，而他们还得借钱偿还贷款。葡萄牙和意大利近十年发展缓慢，但他们花钱的速度如此之快，私人债务和政府债务堆积如山，他们的偿还能力受到了深度质疑。投资者没有看到任何好转的迹象，虽然葡萄牙正在

降低当前的高消费水平，意大利正在改革效率低下的政府机构。他们开始担心葡萄牙和意大利的债务不可持续，更担心葡萄牙和意大利偿还贷款的能力。

随着贷款问题的不断加深，欧洲领导人与国际货币基金组织努力寻求一笔救助资金，并确保数量充足且赢得各国一致同意。经过了一系列长时间激烈讨论的峰会，救助方案逐渐形成。

全球经济放缓加上因削减债务而实施的财政紧缩政策，削弱了政府利用扩张性财政政策对抗经济衰退的能力。尽管欧元区成员国更容易获得国外贷款，但它们也放弃了自主实施扩张的货币政策和货币贬值等经济恢复措施的权利。在写这本书时，欧洲还没有找到解决危机的简单方法，世界也并不期待欧洲大陆的经济在短期内恢复到强劲增长的状态。

美国次贷危机与欧洲主权债务危机是工业化世界过去一百年最艰难的经济挑战。这两场危机有几个共同点。首先，危机都起源于国家与私人过度负债，经济增长下滑，它们无法偿还自己的债务。其次，两者都在动摇了市场信心的标志性事件后爆发，即雷曼兄弟银行破产与希腊财政报告曝光。最后，危机都在很大程度上归咎于政府和私人部门不负责任的行为。

最重要的是，两场危机都是糟糕经济政策的结果。危机不仅仅是数周数月前没有实施良好经济政策的小错误，而且是多年来实行了严重缺陷的经济政策的结果。

此外，这些错误有一个关键的共同因素，它们都是基于意识形态，而不是有效的经济分析。

绪 论

意识形态，通向经济灾难的单行票

第一种可能性：政策制定者认同了一种关键理念，并将其作为他们制定经济政策的唯一导向，随之颁布以意识形态为基础的政策。这种理念实际上可能是正确的，但并非适用于所有的情况。试想自由市场的概念。

20世纪后半叶，大量的证据表明，西方的自由市场经济在为公众提供消费品与服务方面，比苏联的中央计划经济要好得多。相信自由市场的优越性并不意味着，政府永远都不应该对市场进行干预。如果一家垄断企业制造商提供某种特殊商品或服务，政府干预则可以提升公共福利。

如果消费者无法获取他们所购买商品的准确信息，政府强制性的标签化管理也可以提升公共福利。面对数万亿美元高度复杂的市场，如次贷危机中心地带的金融衍生品市场，政府竟然承诺完全自由市场，简直愚蠢至极。因此，盲从于"自由市场"的观念可能会使一个明智的观念转变成一场政策灾难。

第二种可能性：意识形态的关键理念，在过去的某些时刻具有其合理性，但现在已失去了效用。例如，价格管制与配给制度可能在战时有意义，能确保与战争有关的资源，确保紧急战争期间社会各个部门共同面对物资短缺的问题。但这种限制措施在和平时期会阻碍经济的发展。

另一个例子是金本位制。金本位制在19纪末和20世纪初非常有效，但在两次世界大战期间则是一场不折不扣的政策灾难。当一种熟悉甚至令人舒适的传统智慧已成为一种过时的政策观念后，政策制定

者不能适时将其抛弃，可能给全体国民购买了一张通往经济灾难的单程票。

第三种可能性：政策制定者的关键理念完全不明智，却是一条非常棒的选举口号。近年来最好的例子是，许多美国政客承诺不提高税收，在任何情况下都不会，现在不会，以后也不会！我们可以根据政客和经济学家偏好的征税水平而对他们进行区分。有些人可能赞同收取更高的税收，政府使用更多资金支持基础设施建设与发展教育；其他人可能认为，较低的税收在鼓励个人储蓄与投资方面能产生更好的效果。这两种观点都有一定道理。但如果一名政客作出书面承诺反对在任何情况下提高税收，就像第112届国会中许多共和党成员所做的那样，那么他已不再是一名严肃认真的政策制定者，而是一位意识形态主义者。正如全书中不断出现的那样，意识形态主义者让我们的经济健康面临威胁。

世界周期性的经济波动

尽管次贷危机给我们的社会带来了非常严重的冲击，但它的起源并不独特。200多年来，"繁荣－萧条"模式实际上是金融危机的一种普遍特征，次贷危机同样如此。商业周期是经济活动的周期性表现，正常适度的波动无可厚非，但商业周期过分扩大，经济过度扩张，"繁荣—萧条"模式就会触发危机，导致一场戏剧化的崩溃。在繁荣阶段，获利的机会增加，企业与个人踊跃投资新的项目。如果你投资100美元能赚取50美元，为什么不贷款1 000美元进行投资，然后赚取500美元呢？在一个投资高涨的时期后，收益开始降低，企业与个人可能会发现他们背负的债务超过了投资的回报。债务人陷入了泥沼，债权人同样陷入了泥沼，经济衰退加剧。这就是周期中的萧条阶段。

次贷危机前，固执而错误的经济政策推动了经济繁荣，尤其是扩张性的财政政策和货币政策。

第一，乔治·W. 布什执政的前三年，3项减税政策实现了财政扩张。2000年，共和党在费城召开了代表大会，布什被提名为共和党总统候选人。布什表示，从原则上说，克林顿时期的预算盈余应归还人民。他在热烈的掌声中说道："盈余的钱不属于政府，而属于人民。"20世纪90年代末，30年的财政赤字破冰，联邦政府终于实现了预算平衡。在布什总统的观念中，诸如应对紧急状况而维持小额政府盈余的做法也不被允许。财政扩张还表现为，政府发动阿富汗战争和伊拉克战争，军费支出急剧增加。原则，还是意识形态？政府丝毫没有考虑暂停刚颁布的任何减税措施，谁来为战争买单？

第二，2001～2004年，美联储主席艾伦·格林斯潘及其同僚实行了扩张性的货币政策。格林斯潘是一位公开支持自由市场的共和党人，他在20世纪70年代担任杰拉尔德·福特（Gerald Ford）总统的经济顾问。他在民主党人比尔·克林顿总统执政期间支持财政紧缩政策，也是布什减税政策的一位早期支持者。标准的经济政策模型提出了紧缩性货币政策的建议，但格林斯潘仍维持扩张性的货币政策，实施的时间比预期还长。这种扩张性的货币政策是否旨在降低失业率，是否为布什总统竞选连任提供了政治助力，目前还无法确定。然而，货币政策依然比纯粹经济分析更加宽松。

类似地，欧洲的主权债务危机也是一种考虑不周的经济政策的结果。欧元显然是意识形态的产物。1999年，欧元作为一种货币单位诞生。

2002年，欧元正式流通。欧洲通过建立单一的货币机制促进欧洲统一的想法由来已久，考虑到欧洲悠久的战争历史，尤其是"一战"和"二战"，加强欧洲国家间经济的相互依存关系是一种极具吸引力的愿景。然而，脚踏实地的经济分析表明，如果想要在希腊与德国，西班牙与芬兰，以及葡萄牙与荷兰这些不同的国家之间建立统一的货币，可能会产生难以克服的问题。

很难想象，完全相同的货币政策，或者同一货币联盟下的唯一选择，将会适用于所有国家。

如果没有统一货币，希腊这种缺乏核心竞争力、债台高筑的国家，可以发行更多货币，继而货币贬值，出口增加，用价值更低的货币偿还债务。由于欧洲统一的意识形态压倒一切，统一货币所引发的实际问题却被掩盖了起来。

本书探讨了过去200年间最严重的九大灾难性经济政策。这些糟糕的经济政策引发的结果小到骇人听闻，大到惨绝人寰。由于担忧中央集权式的货币当局，美国两度拒绝恢复中央银行，整个国家近75年频繁地遭受经济危机的冲击。英国坚持对自由市场的承诺，没有对爱尔兰的饥荒提供帮助，引发了19世纪最严重的人道主义悲剧——爱尔兰大饥荒。英国在"一战"后重新建立金本位制，想要夺回战前的经济与军事优势地位，使原本可能只是一场普通的经济不景气，演变成工业世界有史以来最严重的一场经济危机——"大萧条"。

总之，一些基于意识形态的政策引发了美国次贷危机与欧洲主权债务危机。这些错误政策造成了一些历史上最糟糕的经济灾难。如果每个章节中讨论的危机只有一个基于意识形态来制定经济政策的原因，那么就把这个问题看得过于简单了。许多因素都会导致糟糕的政策选择，带来灾难性的经济后果，比如一些特殊场合的坏运气。我们在接下来的章节里将要探讨的经济灾难，罪魁祸首是以意识形态而非实际经济状况作依据的政策制定者。

● 为何有些政策一出即败？

> WRONG Nine Economic Policy Disasters and What We Can Learn from Them

第1章 WRONG

为何有些政策一出即败？
从微观视角检验宏观经济得失

政客想影响一项决策，是再简单不过的事情了，但如果碰到一群执拗的经济学家，事情可能会复杂上万倍。毫无从政经验的学术精英和政坛老手打了九场悲壮凄惨的决策战争。在新政面前，到底谁敢于冒风险挑战"传统智慧"，谁还在用"我们一直都是这么做的"进行简单否决？

WRONG
Nine Economic Policy Disasters and
What We Can Learn from Them

当我们因过分追逐个人欲望而运气不佳时，我们便把自身的苦难归于日月星辰。我们做恶人是命运注定，做傻瓜是出于上天的旨意，做无赖、做盗贼、做叛徒是天体的运势使然，酗酒、造谣、奸淫都受到行星运行的影响。无论我们手上沾染了多少罪恶，全都是一种超自然的力量在冥冥之中驱使着我们。

——《李尔王》

◆经济政策应该基于客观理性的经济分析，而不是坚持一种特定的意识形态。

这是一本有关经济政策的书。糟糕的经济政策！真的是糟糕的经济政策！两百多年来，真的非常糟糕的经济政策！具体来说，本书讲述了过去200年间最严重的9次经济政策灾难。

为什么要写糟糕的经济政策呢？当然，好的经济政策能带给人更多启发，更不用提令人精神振奋，更具有可读性了。作为一个以撰写当代和历史上经济灾难为业的人，我偶尔被同事指责为由一位经济学家蜕变成了一个唯利是图的人，一个残忍地从他人的不幸中牟利的人。

第一，我更偏好从解决问题的角度看待恐慌、危机及其他经济灾难。许多医院都定期举办关于发病率与死亡率的会议，了解悲剧性的医疗与外科手术，并从它们的错误中总结学习。这本是公共政策系学生应该做的事情，但一项关于6所美国顶尖大学公共政策系的课程调查显示，他们的学生没有学习这些内容。另一个很好的医疗典故是，病理学专业人士的座右铭常常是"活着的人向逝者学习"或"逝者教育活着的人"。我们需要了解历史上的政策失误，才能避免政策制定者再犯这种错误，而不是我们的政策制定者开始为我们购买"医疗事故保险"，补偿他们犯下的错误。

第二,失误的政策比成功的政策更容易被发现。过去的两个世纪,发达国家(本书的主角)持续发展,愈加繁荣。当前的数据显示,发达国家的人均实际 GDP 已经增长了 70%~80%。尽管这些国家在缺少良好经济政策的情况下可能变得更加富有,在没有受到糟糕经济政策影响的情况下也可能没那么富有,但考虑到经济发展的长期上升趋势,糟糕经济政策的消极影响可能比良好经济政策的积极影响要更加突出。

第三,糟糕的经济政策为我们提供了一个在微观条件下检验经济政策的机会。糟糕的经济政策是因为有缺陷的政策制定过程吗?糟糕的经济政策是因为政治系统(包括选民)没能淘汰差劲的政策制定者,选出优秀的政策制定者吗?还是一种过时的,或某种程度上错误的经济思想?或某些个体或群体牺牲公共利益,以某种方式能够引导政策的制定朝着他们个人利益的方向发展?

第四,我可能要承认自己唯利是图的指控,糟糕的经济政策令我着迷。有些人会放慢车速看一看高速公路上的事故,有些人喜欢看着熊熊大火把建筑物烧光,我会让自己沉浸在过往失败经济政策导致的灾难性后果的细节之中。这可能是一种性格缺陷,就像有些正在做噩梦的人。当我发现一些错误的经济政策会逐渐产生灾难性的后果时,我想要进行干预。当被降低的关税再次被错误地提高时,我想大声喝令他们快停手。当政策制定者朝着错误的方向前进时,我想实施更明智的货币政策、财政政策或监管政策。但这一切像把我置身于一场噩梦中一样,我无法对结果产生任何影响,这里探讨的事件已经发生。未来,我还会发现自己遭遇了类似的事情,但我这种对不断重复的老旧经济政策失误的病态迷恋或许会发挥一些作用。

既然本书集中探讨的是糟糕的经济政策,为什么要讲一些历史上糟糕经济政策的例子?毫无疑问,现代经济社会颁布了足够多拙劣的经济政策。试想最近的次贷危机,价格飞涨的教育与医疗费用,缺乏连贯性的能源战略,有效环境政策的缺失等,这还只是很小的一部分。"二战"后,政府对经济施加的影响力已经显著扩大。现代经济政策失误比早期的经济政策失误付出的代价更大,研究价值也更大。

次贷危机,"繁荣 — 萧条"的复制品

本书探讨了近200年产生了严重后果的经济政策,并不加掩饰地采取了一种历史视角。首先,历史提供了一种有价值的视角。因为足够长的时间跨度,我们可以针对某个糟糕的经济政策作出更加科学和长期的判断。对于近期的事件而言,我们很难搜集到足够丰富的资料。例如,研究次贷危机的长期影响比研究1907年经济危机的长期影响困难得多,因为次贷危机的长期结果还没有显现出来。但这并不是说,现代学者对1907年的经济危机已经了如指掌。即便是今天,学者们还有很多地方没有完全理解。其次,20世纪初的经济数据质量相对较差,但回过头来看,危机的长期影响都清晰明了。例如,美国联邦储备体系的建立。在撰写本书时,次贷危机的长期影响仍保持着神秘的面纱,可能在相当长的一段时间内将依然如此。

过去的20年里,我一直在撰写与讲授发达国家的经济史。我坚信,抛开经济事件的好坏,只有很少的经济现象是全新的。以经济危机为例,次贷危机是21世纪第一个10年最具有标志性的事件,但从许多方面来说,次贷危机都是困扰发达国家近2个世纪"繁荣—萧条"模式经济危机的复制品。这个模式在150多年前已经50岁了,当时英国财经

记者 D. 莫里尔·埃文斯（D. Morier Evans）指出：

在过去的60年里，在相对短的间隔内，商业世界一直在被一系列可怕的社会骚动搅得混乱不堪，这种社会骚动现在我们都耳熟能详——"大恐慌"。每一次大恐慌都有其自身鲜明的个性特征，但所有大恐慌都有一个共同特征，即它们都发生在一个表面繁荣的阶段之后，其空洞暴露无遗。当我们发现自己能快速获得财富，还不用重复单调乏味的工作时，我们几乎就可以断定，大恐慌来了。

当然，次贷危机带来了一些新的元素和术语，包括债务抵押债券、信用违约掉期以及层出不穷的各种衍生证券。这些危险的新式金融工具，根本上在早期的危机中都有过先例，投资者会在诸多资产投资的浪潮中失去自制力，包括房地产、铁路公司股票、农产品、有限责任公司的股票，以及拉丁美洲的债券。但负债累累的经济，一种"繁荣—萧条"模式的经济循环，必定引发次贷危机，这与19世纪和20世纪数不胜数的其他经济危机非常相似。

这并不是说，我们目前经济的起起落落（更不用提未来了）是政策制定者没能控制的结果，而仅仅是重复过去。最近的经济发展常常与更早的时代相似，而最好的历史预测能力也值得怀疑。诺贝尔奖得主保罗·萨缪尔森（Paul Samuelson）曾公开批评股票价格预测经济的有效性，用幽默式的语言说他们"过去的5次经济衰退正确地预测出了9次"。每一届政策制定者都要面对当前的问题，也有机会重新制定政策。不存在任何阴谋或其他的力量，迫使我们重复犯相同的错误。

政策制定者也经常面对与他们先辈类似的难题：衡量国际经济合作与国内需求的益处孰大孰小，是否实行孤立主义政策；平衡更加严格的监管与更加宽松的监管在保护消费者程度上的大小，促进商业贸易和经济增长。现在，引导政策制定者作出选择的诱因，与他们先辈面对的境遇通常很类似。在这种背景下，马克·吐温的评论"历史不会重演，但总会惊人地相似"，尤为贴切。

本书的核心结论是，经济政策应该基于客观理性的经济分析，而不是坚持一种特定的意识形态。政策制定者之所以形成根深蒂固的意识形态，原因多种多样。有时候，只是长期惯例，怠惰守旧的结果。如果一件事情"一直是这么做的"，政策制定者可能不愿意冒风险挑战传统智慧。有时候，即便一种意识形态令公众受益良多，不断变化的环境也可能导致按惯例行事的方法过时。其他时候，基于意识形态的政策被实行的原因在于，政策制定者坚定不移地相信某种意识形态，公众直接或间接给予其支持。这里探讨的经济灾难表明，经济政策永远不应该屈从于意识形态。

另一条共同主线是，错误经济政策通常受到"个人"利益过分和有害的影响。尽管政策制定者应该优先考虑公众的利益，事实上也常常如此，但经济环境中存在许多利益团体，他们的利益与公共利益并不一致。一些特殊地区或行业经常受到政府政策的影响，他们有强大的激励去游说议员，让议员通过有利于他们的政策，并反对损害他们的政策。

当然，游说政府颁布优惠政策是民主国家的一种重要权利，但游说行动过分地影响到了经济政策的正常制定程序，公共利益就会受到损害。因此，制定政策的过程应该尽可能地透明，以便某位警惕性高

的公民可以及时阻止私人利益凌驾于公共利益之上。

本书中探讨的一些政策失误的原因都可以被归结为"民族利益"。如果私人利益牵涉政策向少部分有影响力的人倾斜,那么民族利益就牵涉本国人的利益向外国人转移。

向民族主义倾斜的政策,如对外国商品收取关税,可能会受到选民的欢迎,而且短期内可能为国内经济带来一些利益。但就长期而言,国内经济可能为此付出高昂的代价。

最后一个重要结论是,拖延会使我们付出高昂的代价。本书探讨的许多政策错误都因过度拖延而使问题更加严重,不论是实施有益的政策,还是撤销错误的政策。没有人喜欢承认自己犯了错误,尤其是政客。政客尝试撤销一条先前支持的政策,就像在大声呼喊"我犯错了"。然而,无法及时承认并撤销糟糕的政策是本书中政策灾难的主要原因。

经济学家的"三板斧"

本书的主体部分包含了 9 个章节,每个章节都讲述了一项重要经济政策失误的来龙去脉,包括为什么采用这项政策、如何实施这项政策以及这项政策的短期影响和长期影响。

本书中的错误政策在类型和时间跨度上各不相同。我集中探讨发达国家的错误经济政策,是因为欠发达国家有其独特的问题,而发展经济学研究的课题聚焦于这个经济学分支。按照年代顺序来说,本书从 18 世纪末一直讲到了 21 世纪头 10 年。考虑到时间和空间的跨度如此之大,选择的失败政策的适合度非常重要。毕竟,历史上与当代都有许多糟糕经济政策的例子。

筛选方法 如何把这些失败的经济政策筛选出来呢？在选择失败的经济政策前，为经济政策下一个定义很有意义。不过，这比想象的更难。

第一，一条定义可能不是显而易见的。经济政策指政府不定期实施的政策，通过财政支出、税收评估、利率调整和规章制度修改等方式，影响企业运营或改变个人消费模式。

经济政策更广义的定义包括政治腐败。在腐败案件中，政府官员利用国家的经济杠杆，以牺牲纳税人的利益牟利。经济政策可能也包括外交政策和军事政策。几个世纪以来，外交军事政策与经济目标之间的关系错综复杂。例如，政府决定发动一场战争，通常的动机是获得领土或其他资源。战争无疑是人类最具破坏性的行为之一，我们可以轻易地列举出一长串战争和其他武装冲突的名录。这些战争和冲突的社会代价巨大，但几乎没有提升公共福利。然而，那个定义似乎过于宽泛。本书采用了一种更狭义的定义，探讨明确的经济政策。因此，战争与政治腐败不在本书的探讨范围之内。

第二，立法程序是一个问题。我们采用了更狭义的经济政策定义，但还有许多难题有待解决。经济政策必须立法吗？显然不是，因为许多经济政策，或许大部分经济政策，都不是通过法规实行的，而是基于立法机关遵循的基本原则。央行行长每天都要宣布重要的经济政策，绝对不会遭到国会议员的直接干预。法院可以裁决违宪政策的特殊情况。国家行政机关被授权根据其他国家的行动，在未制定特殊法律的情况下，提高或降低关税。

尽管事实上多数经济政策由国家行政机关直接颁布，而非通过立法颁布，但本书着重探讨通过立法制定的经济政策。主要原因在于，法律比国家行政机关颁布的经济政策更易于识别，不论当时或事后。

国家行政机关颁布的政策可能循序渐进，不会那么突然，比法律制定政策的过程更低调、更简单与平稳。试想货币政策。"二战"前，大部分国家的中央银行是私人机构，大部分运作在幕后进行，但这种倾向在近年来已经改变了。欧洲中央银行行长和美联储主席，都在重要的政策会议之后召开记者招待会。这种创新方式是上一代人难以想象的。接下来的章节里，我们不会完全忽略行政手段，但主要将探讨那些与可识别的法律法规相关的政策。

为了分析糟糕的经济政策，我们必须运用经济历史学家所谓的"反事实分析法"（反事实分析法试图从诸多纷乱的模式与现象中，提出一种合乎因果的逻辑推演。这种研究方法假设一切现象的背后都有固定不变的本质。偶发的特殊事件亦是如此。——译者注）。简单来说，这种方法意味着，你得想象一个从未存在过的世界，一种可能的现实。例如，分析18世纪北美殖民地居民加入英国的影响，我们需要比较加入英国的利与弊，以及未加入英国的利与弊。

不加入大英帝国必须承担什么后果？如果北美殖民地成为了法兰西的一部分，就拥有所有贸易关系与经济发展的手段，更不用提美食了？如果北美殖民地成为了西班牙的一部分呢？或许更适合的反事实分析是，北美殖民地建立了自己的国家，独立于所有的帝国？简而言之，我们不假设一项政策没有实施将发生什么，就无法研究该项政策的影响。然而，反事实分析是一件棘手的事，分析一个从未存在过的世界需要大量猜测。

分析方法 本书关注政策制定者犯下的过错，而非疏漏。换句话说，本书集中探讨实施糟糕经济政策的后果，而非未实施的经济政策。我们能用反事实分析法来分析政策制定者犯下的过错吗？这种尝试甚至比分析政策制定者犯下的过错更加困难。我们需要从零开始设计一项政策，并且预测政策实施后将发生什么。这种方法的问题在于，我们事后设计的经济政策可能在当时的政治环境或技术操作下行不通，或者根本不会被纳入考虑范围。这有点像询问，如果18世纪青霉素能够被广泛使用，被梅毒折磨而死的人数是否会减少？答案当然是"会"，但青霉素直到20世纪才大量生产。因此，这个反事实分析没有实用性，不具有现实意义。类似地，由于事后眼光的全面性，我们设想能够实行更加有效的经济政策很容易，例如在"大萧条"时期拯救银行系统，但如果经济政策没有被政策制定者考虑过，我们不会再花费时间对其进行分析。因为这些问题对反事实分析法的要求太高了，很难达到预期效果。

反事实分析法的运用带来了一个严峻的挑战，即一种事后诸葛亮的方法。我们应该如何审视那些政策制定者，他们生活在遥远的过去，没有办法纵观全局，没有办法借用现代经济学家的理论工具与数据？简短的答案通常是，我们不行。本书的目标在于阐述糟糕经济政策选择的根源。一些例子不具备制定更好经济政策的知识基础，部分解释了经济政策失败的原因。但其他许多例子表明，糟糕的经济政策归咎于政策制定者不愿意或没能利用他们获得的信息。

分类方法　经济政策有多种分类方法。经济学家常常根据政策影响进行分类。财政政策包括政府的税收与支出政策；货币政策一般包含中央银行影响利率、货币供给与信贷状况而采取的干预政策；外交政策涉及更改关税、配额及管理汇率；管制政策包括很多影响广泛的规则，从消费者保护、环境保护到公用事业。这些政策并不一定完全独立。货币政策和汇率政策经常产生相互叠加的影响，财政政策和

货币政策也同样如此。本书涉及这四个政策领域。

另一种经济政策的分类方法是，他们影响经济蛋糕的结果。我们可以把经济政策带来的结果分为两大类。首先，他们可以影响总体经济福利。简单来说，他们使经济蛋糕变大或者变小。其次，他们也影响经济蛋糕的分配。有些政策使社会中的富人（或穷人）获益；其他一些政策可能使按揭住房贷款的人、奶牛农场主、石油公司高管、社会各行各业的任何人获益。通过类比经济蛋糕的规模和分配，我们将经济政策区分为四个类型：既影响经济蛋糕规模，又影响分配的政策；既不影响规模，又不影响分配的政策；主要影响规模的政策；主要影响分配的政策。

大多数经济政策对经济蛋糕的规模和分配产生的影响微乎其微。全世界发达国家的政府都持续颁布规章制度，解决琐碎繁杂的问题。美国的《联邦公报》（*Federal Register*）和欧盟的《官方公报》（*Official Journal*）每年都是长达数千页的长篇大论，它们也只包含欧洲和美国在地方、地区、国家、国际、跨国与超国家政府所颁布的经济规章制度的一部分。一些规章对经济蛋糕的规模产生了举足轻重的影响，更多规章制度实质性地影响了分配结果。因为规章或制度的适用范围足够狭窄，基本不会对其他领域产生影响。总体来说，他们既不是最具争议的政策，也不是最重要的经济政策，影响经济蛋糕的规模或分配非常有限。本书忽略了大部分这样的经济政策。

第二类是对经济蛋糕规模产生重要影响的经济政策；第三类是对经济蛋糕的规模和分配都产生影响的经济政策。例如，经济过度扩张和紧缩性的货币政策或财政政策，都可能导致经济在短期内大幅波动。"繁荣—萧条"模式的循环在于，最初令经济蛋糕的规模变大，然后变小。其他经济政策，例如政府关税、货币本位或管制政策，可能在长期内对经济蛋糕的规模产生深远影响。这些政策几乎也总是对经济蛋糕的分配产生重要影响，因为短期的宏观经济波动和长期的经济持续增长，极少对经济的所有领域产生相同的影响。本书主要关注这些政策。

第四类是对经济蛋糕分配产生重要影响的政策，但他们对经济蛋糕规模的影响不大。任何时候，只要政府向一类经济活动征税或发放津贴，用关税或价格来保护该活动，都对经济蛋糕的分配产生影响。一些经济利益团体直接因这种政策受益，所以获利的公司和个人经常通过游说或尝试施加影响的方式来保护或扩展他们的特权地位。本书多次出现这种类型的游说主题。第 2 章除外。第 2 章讲述了一条内容很少，却对经济蛋糕分配产生重大影响的经济政策，催生了世界历史上的一个大事件。本书并没有集中探讨这些事件。然而，直接影响经济蛋糕的经济政策一直存在，持续不断地激发一些人的不满。通常来说，不满来自于受到政策伤害的人，但也不完全是这样，本书对这类政策会稍加讨论。

咖啡业，服用兴奋剂的欧佩克

作为一位刚刚接受过训练的经济学家，我的第一份工作是加入美国国务院经济暨商业局的一个经济政策小组。几个月后，我亲自见证了这样一类政策。当时，上司派我去参加一场经济局和拉丁美洲局等几个部门之间的员工会议，因为美国签署的《国际咖啡协定》即将期满。我们的目标是，确保最后关头能延长协议。我明显感觉到自己在那场

会议上的恐慌。形势非常严峻。幸运的是，一个有经济学博士学位的新手负责这个项目，他从不恐慌。

我很快了解到，《国际咖啡协定》组织者和创建者——国际咖啡组织的运作方式有点儿像石油输出国组织欧佩克（OPEC）。为了把价格维持在更高的水平，出口国限制咖啡产量。美国非常乐意让国内公司从非欧佩克成员国购买石油，如加拿大、墨西哥与挪威，也乐意让国内公司从欧佩克国家购买超出欧佩克限定配额的石油。然而，与石油市场不同的是，美国是签署了《国际咖啡协定》的国家，同意不从未签订《国际咖啡协定》的国家购买咖啡，不从签署了《国际咖啡协定》的国家购买超出生产配额的咖啡。换句话说，美国政府正在迫使一个卡特尔（大垄断组织的协定或同盟）组织提高美国消费者支付的咖啡价格。《国际咖啡协定》是打了兴奋剂的欧佩克，或者更准确地说，是摄入了咖啡因的欧佩克！

我内心感到非常愤慨。如果我常喝咖啡，我的内心可能会更加义愤填膺。"为什么美国是一个把苛刻对待美国咖啡消费者作为主要目标的组织成员呢？"我这样问道（我的语言可能更加形象生动一些）。在一阵令人不知所措的沉默之后，我被告知《国际咖啡协定》必须被保留，因为它在帮助出口咖啡的拉丁美洲民主国家方面发挥着重要作用。我指出，古巴与拉美的一些非民主国家也受到了《国际咖啡协定》的帮助。对美国政府来说，直接为我们的朋友开一张支票要比让美国咖啡消费者不分敌友地给予支持更具有成本效益。我的观点没有得到理睬。我在几场会议上发表了相同的讲话，典型的结尾是"这是一份糟糕的协议。我们应该让它终止"。这是我对老加图（Cato the Elder）的模仿。他是古罗马的一位议员，每次发言开头和结尾都会说那句口号"灭亡迦太基"。结果，我再也没有被邀请参加类似会议，救济事业依旧全速前进。最终，《国际咖啡协定》得到续签。磋商者无法解决一些与昂贵配额和价格控制有关的棘手问题，所以续签协议没有将这些问题纳入探讨范围。然而，我对此没有任何贡献。

任何涉及税收、关税、配额、补贴以及类似支持或阻碍某种经济活动的政策，都引发经济学家所谓的"无谓损失"。换句话说，这是另一种经济效率低下的说法。

例如，如果政府提高面包的税率，这个政策将产生以下影响：政府税收增加；市场上的面包价格上涨，消费者购买的面包数量减少；面包师从每个面包上赚取的利润降低，售出的面包减少。因此，税收毫无疑问使面包生产者和消费者双方的处境都变得更糟。有时候，抑制有害活动或促进造福社会的活动带来的好处超过这种无谓损失。如果政府对香烟征税，那么吸烟率将下降，尤其会降低年轻人的吸烟比例，进而降低相关疾病的发病率，如肺癌与肺气肿，因而实际社会效益可能大于征收香烟税带来的无谓损失。类似地，如果汽油税减少了我们使用污染空气的化石燃料，降低了我们对进口石油的依赖性，促进了无污染的可再生资源的推广使用，那么汽油税给社会带来的好处就超过香烟税所带来的无谓损失。

税收与补贴有可能给社会带来好处，但我们也不应低估它们的总成本或潜在总成本。试想美国的农业。2008年《农业法案》（国际公法110－246）指出，美国政府将在2008～2012年为美国农业提供总额超过2 840亿美元的财政支持。这是相当大的一笔数目，不低于联邦政府年度财政预算的3%。众所周知，粮食补贴有利于维持整个国家的粮食供应，关乎经济发展和国家安全。尤其当粮食供应受制于

天气、病虫害等众多无法预料的冲击时，农民可能放弃农业生产，转而从事风险较低的行业。

有人可能认为，美国有巨大的农业生产能力，不需要对农业提供支持。除了农业补贴的可取性，农业法案导致数量庞大的补贴资金流入立法者可能从未想到过的地方。明尼苏达州的民主党参议员艾米·克罗布彻（Amy Klobuchar）在谈及2008年《农业法案》时说道：

> 回顾过去几年发生了什么，你会发现不少丑闻。有些人不应得到这笔补贴，包括一位旧金山的艺术收藏家和一位佛罗里达的房地产开发商。
>
> 当你了解这笔补贴的去向时，你会更加震惊。总统先生，我今天就在哥伦比亚特区，我相信哥伦比亚特区不会有大量农场。在这些农业补贴中，310万美元流向了哥伦比亚特区，420万美元流向了曼哈顿，10亿美元流向了比弗利山庄。我还记得上一次到这些地方，好像难觅农场的踪迹。

《国际咖啡协定》最糟糕的部分已经过去，但几乎已实施的或即将实施的每一部经济法律、法规、规章制度都对经济蛋糕的分配产生了影响。问题的关键在于，这些法律法规对经济蛋糕分配的影响是否存在（肯定存在）以及影响有多大？

因何讲述发达富裕国家的案例？

本书不会反复探讨一个时期或一个国家的经济政策灾难，但会从横向延伸到不同地区，从纵向延伸到不同时期。

因此，本书讲述发达国家中三个最富裕、生产能力最高的区域所发生的经济灾难：美国、欧洲与日本。本书涉及的时间范围跨越了两个世纪，包括"一战"前、两次世界大战之间以及"二战"后，在以上每个时期分别讲述了3个政策灾难。

经济政策灾难密度最小的时期是"一战"前，一个多世纪只发生了3次。从某种意义上来说，这个阶段最难解释清楚：这时的政府不像后来的政府那样干预经济；虽然有一些政策失误和代价高昂的经济崩溃，但政策失败的后果既不严重，也不像后来那样波及面广。这个阶段的经济政策灾难包括：

第2章讲述英国颁布《航海法案》；
第3章讲述废除合众国银行；
第4章分析爱尔兰大饥荒。

两次世界大战之间探讨的经济政策最为密集。这并不令人感到惊讶，"大萧条"是两次世界大战之间最重大的经济事件，也是工业化世界有史以来最大的经济灾难。全世界的评论家几乎都把次贷危机引发的大衰退与"大萧条"进行比较。不过，在"大萧条"面前，大衰退只得俯首称臣。如果"大萧条"前你在美国有一个银行账户，"大萧条"后这家银行有四分之一的可能性不复存在。本书所探讨的发生在两次世界大战之间的政策失误包括：

第5章讲述"一战"后协约国对德国的惩罚性赔偿；

第6章分析1925年英国决定恢复金本位制；

第7章解释了1930年美国强制征收的斯姆特—霍利关税。

"二战"后的时期并没有两次世界大战之间那么短暂，相继发生了3次失误。人们可能不会感到惊讶，现代是更可能发生经济政策错误的温床。在和平时期，政府的经济政策活动比现代历史上的任何时期都要活跃。这个阶段发生的政策失误包括：

第8章讲述20世纪90年代日本失去的10年；

第9章分析次贷危机；

第10章讨论欧元问题。

本书探讨的政策灾难非常糟糕，但并没有说这是有史以来最糟糕的灾难。本书也不认为在此探讨的政策灾难代表了政策失误的所有重要类型。这些被选中的经济政策灾难除了跨越不同国家、时间阶段与经济政策领域，还带来了值得一说的严重后果。

本书并不认为经济政策注定会失败。经济政策能成为促进人类幸福的一股强有力的力量。在国际层面，关税及贸易总协定（GATT）及其继任者世界贸易组织（WTO）60多年来一直在鼓励消除贸易壁垒，为世界经济的繁荣作出了重要贡献。类似地，世界银行从事的项目缓和了发展中国家的贫困状况。这些组织的记录并不完美，但它们都提升了数百万人的生活水平。在国家层面，美联储在次贷危机后采取财政刺激政策和快速行动，采取社会保障措施。这些经济政策存在许多缺陷，但它们也同样带来了巨大的利益。经济政策也曾取得过巨大成功，但本书的目的并不是让我们享受政策成功的喜悦。本书只是重新回顾我们经历过的一些最糟糕的政策失误，并反思我们是否能够从中吸取教训。

● 不费吹灰之力搞垮一个帝国

WRONG Nine Economic Policy Disasters and What We Can Learn from Them

第 2 章 WRONG

不费吹灰之力搞垮一个帝国
英国在北美失败的经济政策

在理解经济政策时，常识并不一定可靠。一项看似温和的重商法案，却点燃了美国独立战争的烈焰，究竟是保守固执的英国绅士不屑改变？还是狂妄不羁的美国烟草种植者更渴求革命？

WRONG

Nine Economic Policy Disasters and
What We Can Learn from Them

从他们早上起床冲厕所时,他们就要交税;当他们为自己煮咖啡时,他们要交税;当他们坐进自己的汽车时,他们要交税;当他们去加油站加油时,他们要交税;当他们吃午餐时,他们要交税;日复一日,交税,交税,交税……

——阿诺德·施瓦辛格

◆ 大英帝国政策背后的固有观念是，繁荣宗主国的制造业，迟滞殖民地的发展。

古往今来，人类崇尚建立帝国。这并不特别令人惊讶，因为帝国统治带来了显而易见的利益。首先，帝国控制更多的领土，统治更多的人口。与其他竞争对手相比，帝国拥有更强大的军事优势。13～14世纪，成吉思汗及其继任者建立了横跨欧亚的大帝国，统治人口最多达1亿。其次，帝国覆灭后，曾经的荣耀丝毫也不会褪色，不朽的声望永世长存。最好的例子是罗马帝国。正如一位作家所述：

> 当代，罗马帝国的影响还普遍存在于语言、文学、法律法规、政府、建筑、工程、医药、体育和艺术等领域。影响如此深远，我们几乎都没有留意到这是罗马帝国的馈赠。例如，语言。如今越来越少的人声称自己懂拉丁语，回到本段的第一句话。如果我们把所有直接来源于拉丁语的单词删除，这句话就只剩下了"The"。

历史上，建立帝国的动机理由多种多样、层出不穷，但没有哪一种比经济方面的动机更吸引人。从历史的观点看，帝国通过征税、奴役以及其他手段获得战利品。1885～1908年，比利时国王利奥波德二世统治刚果自由邦（Congo Free State）时期，是殖民剥削最残酷的例子之一。在利奥波德二世的统治下，数百万人在追逐橡胶、铜及其他自然资源的过程中被谋杀和致残。当然，并非所有殖民政权都像利奥波德二世政权那么残忍。然而，不论统治多么温和，常识告诉我们：在经济利益的角逐中，武装力量更加强大的国家将获胜，殖民地国家将失去一切。

在思考经济政策时，常识并不一定可靠。

试想北美洲，英国、法国、西班牙和荷兰四个西欧国家都把北美洲当作上帝赐予自己最大的礼物，都决意要把北美洲变成自己的殖民地。北美大陆的面积是四国总面积的15倍，是英国的近90倍。在欧洲人意外发现的新大陆上，自然资源丰富得令人瞠目结舌。当欧洲人第一次踏上新大陆时，他们控制了大约3.8亿公顷林地，并利用丰富的木材资源建造装饰房屋、取暖和烹饪食物。北美洲的土壤和气候适合种植小麦、玉米等多种农作物。河流及沿海水域有大量的鱼，森林和平原上生活着许多可以提供肉与皮毛的动物。矿物储备同样非常丰富，不过在殖民时期还无法得知各种矿物的具体储量。"一战"爆发前夕，美国是几乎每一种工业矿石的主要生产国。简而言之，北美洲蕴藏着丰富的自然资源，所有殖民国家都想要得到这个真正的宝藏。

人们肯定认为，殖民国家会享受上帝的馈赠，急着把尽可能多的资源转移到国内，尽可能少地留给殖民地居民。不知什么原因，英国并没有这么做。英国统治的这块殖民地，最终成为后来的美国。英国的帝国政策，包括但不限于《航海法案》（Navigation Acts），确实给北美殖民地施加了非常小的负担。是的，英国通过美国的自然资源获得了大量利益，但扣除英国为殖民地提供的好处（主要是军事保护，还有补贴）后，英国的净收益就少得可怜了。雪上加霜的是，温和的帝国政策依然被视为严重损害了殖民地的利益，革命的烈焰熊熊燃烧。1776年，美国独立。考虑到英国北美政策的失败，大英帝国竟然还在接下来150年里繁荣兴盛，真让人感到震惊。

重商主义者谋求商业霸权

为了理解英国的北美政策，我们需要先谈一谈当时的主流经济思想——一种现在被称为"重商主义"的经济民族主义思想。重商主义起源于中世纪后半叶（11～16世纪），强调国家对经济的高度干预，尤其在国际贸易方面。重商主义的起源多样繁杂，但有两个重要原因推动其登上历史舞台。

第一，罗马帝国于公元476年覆灭，欧洲大部分地区的控制权重新回到当地统治者的手中。这些封建主通常效忠于一个国王，但他们享有实质上的自治权。为了巩固自己的领地，国王实行了一些加强中央集权的措施，制定经济规则。这样既可以使自己变得富有，也可以巩固自己拥有的权力。经济规则包括：规范度量衡；限制特定产品在特定时期与地点交易。这项规则让国王更容易监督和管理商业贸易。更加重要的是，国王可以对这些商业行为征税。国王取缔了一部分无形中割裂国家的通行费，也规范了全国货币。此举促进了贸易发展，买卖双方在商品流通过程中就不需要频繁地评估各种货币的价值。只有国王能铸造货币，任何想要商品交易的人必须带着他们的黄金和白银到皇家铸币厂兑换货币。自然地，国王收取一笔货币铸造费用，货币标准化为国王赚取了一笔可观的利润。统治者将特定类型经济活动的垄断权授予（更准确地说是出售）特定的群体。在英国，这种垄断活动包括火药、盐、胡椒的流通，矿物开采及其他一些经济活动。在筹措资金方面，税收与铸币同样有效，但税收更加复杂。首先，国王常常与国会分享税收的权力，也要与他们分享税收的收益。其次，税收的成本较高，收税员会从税收中分得一杯羹，逃税问题也难以解决。国王出售定期、固定费用的垄断权，不失为一种实用且确定地增加财富与权力的方式。因此，重商主义的一个特点是国家对经济的高度参与。

第二，殖民帝国的发展推动了重商主义的兴起。1450年，奥斯曼帝国（Ottoman Empire）掌控了地中海东部的贸易，迫使欧洲国家在大西洋，甚至在更远的地方寻找贸易航线。殖民帝国随后陆续建立，首先是西班牙与葡萄牙，后来是荷兰、英国与法国等国家先后抢占了殖民地。殖民政府管理殖民地的一个目的是，通过攫取殖民地的原材料，繁荣拥有殖民地的宗主国，促进宗主国制造业的发展。

重商主义是17世纪和18世纪的主流经济思想。学说的主要观点是，一个国家的财富及存在只与黄金和白银有关。因此，政策直接向有利于贸易顺差的方向倾斜，使出口总额大于进口总额。国际贸易中使用黄金和白银结算，贸易顺差将使黄金和白银流入国内。正因为如此，贸易政策常涉及高额关税，关税金额可能超过进口商品本身的价值，甚至超出更多。随着进口商品的市场价格大幅提高，对潜在消费者来说，商品就缺乏吸引力了。

殖民政府进一步提出，与贸易相关的活动，例如航运、金融及保险，都由宗主国的机构负责。最普遍的方法是创建公司，垄断宗主国与特定殖民地或地区之间的所有贸易，充分开发殖民地的贸易。例如英国、法国、荷兰、葡萄牙与瑞典都特许经营过一家公司——东印度公司。有时候，这些拥有国家背景和准国家背景的公司集殖民地的征税与其他政府职能于一身，甚至组建了自己的军队，强制执行公司的规则。例如，1857年，英国东印度公司残忍地镇压了叛乱的印度士兵，英国政府接管了原本属于该公司的管理权。

在国家治理的其他方面，重商主义也产生了显著影响。例如，英国与葡萄牙于1703年签订的《梅休因条约》（Methuen Treaty），其给予葡萄牙的葡萄酒优先进入英国市场的权利，也给予英国的毛织品优先进入葡萄牙市场的权利。英国签订这份条约的目的在于，从葡萄牙在新世界（New World，指西半球或南、北美洲及其附近岛屿。——译者注）的殖民地获得更多黄金和白银。18世纪，英国的经济学家与哲学家大卫·休谟严厉批评了这项条约："这份条约为我们带来了什么？我们失去了法国的毛织品市场，转而和西班牙、葡萄牙进行葡萄酒贸易，用更高的价格换回更低品质的葡萄酒。"他严厉批评了重商主义的直接后果，即政府对贸易与经济生活其他方面的严重干预，这与现代经济学家的观点一致。直到19世纪末，政策制定者才广泛接纳了这个观点。

从北美殖民者的观点看，英国重商主义法律中最重要的是《航海法案》。这些"贸易与航海法案"最初于17世纪中期实行，是国内外共同发展的结果。17世纪二三十年代，英国在商业上大获成功。但接下来的二十多年里，一些因素使其前景变得暗淡。这些因素包括：1642~1651年，血腥的英国内战撼动了整个国家的根基；1645~1669年，威尼斯－土耳其战争（Venetian-Turkish war）扰乱了地中海东部地区的贸易。更重要的是，1648年，荷兰与西班牙签订了《明斯特和约》（Treaty of Münster），结束了两国长达80年的战争（Eighty Years' War，1568年，西班牙北部的尼德兰联邦因反抗国王的

中央集权和对新教加尔文派的迫害，爆发了反抗西班牙的80年战争。最终，尼德兰联邦从西班牙独立出来，建立了荷兰共和国。——译者注），西班牙承认荷兰的主权国家地位。长期以来，西班牙禁止荷兰的货船、商品与资产通过伊比利亚半岛（Iberian Peninsula，欧洲西南部的半岛，包括西班牙和葡萄牙。——译者注）以及西班牙在意大利的殖民地，突袭荷兰的渔业与航运业，暗中破坏荷兰的海上贸易。这份停战和约中止了西班牙对荷兰的抑制，推动荷兰成为世界贸易体系中的一股重要力量。

由于在商业霸权方面的竞争，英国与荷兰在1652～1675年爆发了3场战争，也推动了英国颁布《航海法案》。1651年，《航海法案》正式颁布。在查理二世复辟后，这项法案经过多次修改并完善，于1660年和1663年再次颁布。有些条款是全新的，但其他条款的前身可以追溯至中世纪。尽管这些法规在各个时期实施的严格程度与可行性并不相同，但它们一直实施到近200年后《谷物法》（Corn Laws）废除为止（详见第7章）。这份法案适用于所有英属殖民地，不过当时英国的殖民帝国面积主要分布在北美洲和加勒比海地区（Caribbean，位于中美洲，包括古巴、多米尼加、海地、牙买加等，总面积500多万平方千米。——译者注）。《航海法案》包含多种不同类型的条例，一些条例对殖民地居民不利，一些对他们有利，还有一些影响不确定。

实力悬殊的贸易大战

《航海法案》宣告，除了殖民贸易中的荷兰和其他外国商船，在向英国运输殖民地商品的商船中，商船所有者及3/4的船员必须是英国人。

这份法案的目的是使爱尔兰人和美国人都成为英国人，但在1707年《联合法案》（Act of Union）颁布前，苏格兰被视为一个独立国家。苏格兰试图实施报复，但没起太大作用，因为它不是一个殖民帝国。因为国际航海运输占货物价值的20%，这份法案确保了大部分的贸易收入依然在大英帝国手中。从理论上说，美国货船将与英国货船有同等的法律地位，美国的造船公司与货船所有者因此获益。实际上，英国的利益更大。通过实施《航海法案》，大约80%从北美洲到英国的货运由英国船只负责。美国独立战争后，英国船只的比例下降到了20%。

《航海法案》限制了一些殖民地商品被运往的目的地，大部分商品被运往世界其他地方前，强制被运往殖民地宗主国。这使殖民地出口商的成本大量增加。一位要出口烟草到汉堡（Hamburg）的弗吉尼亚州庄园主，被迫先把货物运往英国，然后卸货、搬运、存入仓库，再搬运、重新装载到另一艘货船上，最后开往汉堡。在这个过程中，每一个步骤的文书工作都要价不菲。往英国中转运输价值100英镑的烟草，庄园主将增加40英镑的运输成本，利润大幅减少。

《航海法案》限制了一系列商品的出口，烟草只是其中一种。最初的限制商品名单包括糖、靛蓝、棉花、姜及染料木。后来，限制商品名单扩展到木材、其他用于造船的产品、大米、糖浆、皮革、毛皮服装配饰、丝织品、大麻、碳酸钾、铜矿、咖啡以及其他商品。烟草、大米、木材与靛蓝是北美洲最重要的出口商品，限制名单将这些商品全部囊括其中。

法案规定，与英国制造的商品形成竞争的商品，如肉类与谷物，可以直接出口到除英国以外的其他地方。随着时间的推移，商品的限制程度有所变化。1730年和1764年放松了北美洲大米直接出口地点的

限制。《航海法案》对北美洲与英国之间的贸易产生了巨大的影响，美国出口到英国的商品中，超过75%的商品是受限商品，随后又有超过85%的商品被出口到北欧其他国家和地区。因此，大部分的美国出口商受到了《航海法案》的影响。

《航海法案》也规定，殖民地居民要从英国购买来自欧洲与东印度的商品。例如，准备从荷兰运往北美洲的商品必须先从荷兰运往一个英国港口，再从这个港口出发，用一艘归属于英国人或殖民地工作人员的货船运往北美洲。北美洲的殖民地居民只能从英国奴隶交易商手中购买奴隶，他们依赖英国的代理人提供奴隶交易的信用。英国法律也严禁殖民地居民从事可能与英国构成竞争的经济活动。在某些情况下，英国不允许一处的殖民地居民从事可能与英国其他殖民地竞争的经济活动。

为了加强这些禁令，英国还设置了一些关税。例如，1733年颁布的《糖蜜法案》(*Molasses Act*)规定，对从非英属殖民地进入英国在北美殖民地的糖蜜收取关税。为了支持英属西印度群岛的糖浆制造商，该法案主要针对从法属西印度群岛出口到北美洲的糖浆。

大英帝国政策背后的固有观念是，殖民地应以合理的价格为宗主国提供原材料，并从宗主国购买工业制成品，以此繁荣英国的制造业，迟滞殖民地的发展。英国政治家老威廉·皮特甚至还宣称，"如果美国人要生产一缕羊毛或一块马蹄铁"，他将"让军舰塞满港口，让军队占领他们的城镇"。

实际上，在美国殖民地时期，美国发展的大规模制造业极其罕见。有证据显示，独立前的美国拥有生产铁、玻璃和陶器的能力，但这些商品要么出口发展极度缓慢，要么根本不允许出口。

第2章 | 不费吹灰之力搞垮一个帝国
英国在北美失败的经济政策

美国人一步步陷入绝望的贫穷

《航海法案》产生了令人匪夷所思的结果，毫无疑问激怒了美国殖民地的居民。如果殖民地居民想购买美国烟草制造的鼻烟，或美国海狸毛皮制作的帽子，他们都要从英国进口。富裕的殖民地居民向英国代理商预定他们想要的制成品，代理商安排采购与运输事宜。因为购买者难以有效监督代理商，代理商也缺少竞争者，来自殖民地的订单常常令人不满意，商品的价格却非常昂贵。"对美国来说已经够好了"成为了英国制造业的一句口号。弗吉尼亚州的一位著名购买者乔治·华盛顿对他的伦敦代理商抱怨，代理商提供的许多商品"质量低劣，但价格却不便宜，超越了我所购买过的任何商品"。

北美殖民者得到的并不全是坏消息。《航海法案》也制定了法律法规，在某些经济领域给予殖民地居民优惠待遇。相比于大英帝国以外国家的进口商品，英国对殖民地的商品收取更低的关税，这就降低了殖民地商品向母国出口的成本。某些被视为殖民地居民特权的经济活动，在宗主国是禁止的。

例如，《航海法案》禁止在英国进行烟草种植与栽培。英国政府还建立了一套复杂的退税系统，当殖民地运往英国的商品被转运到第三个国家时，殖民地的出口商会获得一笔退税补贴。英国支付了一笔"津贴"，鼓励某些商品的生产。最著名的例子是靛蓝，这是一种用于制作蓝色染料的植物。这笔津贴的数额应该很大，因为美国独立后，靛蓝的生产停止了。

《航海法案》的破坏性到底有多大？殖民地居民叫苦不迭，甚至到了在《独立宣言》的一个条款中谈到他们对国王乔治三世的不满：

  他与人勾结，把我们置于一种不符合我们的宪法、未经我们法律承认的法案之下：

……

切断了我们同世界各地的贸易；

未经我们同意就向我们强行征税。

  长期以来，学者一直争论着英国的帝国政策对美洲殖民地的影响。19世纪，历史学家与政治家乔治·班克罗夫特写道："美国的独立，像美国的大江一样，拥有许多源头，但超越所有支流的源头就是《航海法案》。"班克罗夫特所著的《美国历史》（History of the United States）于1834年第一次出版。这本书是多年来唯一一部大型的美国历史著作，对19世纪美国人思维观念的变迁影响深远。80年后，历史学家乔治·比尔提出，英国的殖民政策在当时非常普遍，殖民地居民因成为大英帝国的成员而获得的一些利益是对所付出代价的补偿。利益之一是军事防御，包括英国皇家海军的护卫舰，负责护送往来英国的商船。奥利弗·迪克森赞同这个观点，写道："没有案例能让我们得出这样的结论，即《航海法案》是美国爆发革命的原因之一，或者《航海法案》在经济上具有压迫性，一步步使美国人陷入一种绝望的贫穷。"

  同一时期，柯蒂斯·内特尔斯提出，在1763年法国－印第安人战争（French and Indian War）结束前的75年里，《航海法案》并不特别繁重。当时，军事冲突频繁，北美殖民地居民迫切需要英国的资源。战后，流入殖民地的低息货币逐渐耗尽。取而代之的是，殖民地居民被要求支持战后美国的国防建设。总而言之，内特尔斯总结道，"1763年后，英国政策对殖民地的总体影响是限制性的、有害的且消极的"。劳伦斯·哈珀支持这个观点。哈珀搜集了大量《航海法案》中限制商品的数据，包括关税、津贴信息、商品的征税额，以及进、出口商品和通过英国再出口商品的数量。从这些详细的信息中，哈珀发现"《航海法案》中跨大西洋贸易的基本条款，对殖民地施加了沉重的负担"。具体来说，根据1773年的估算，他预测每年《航海法案》的净负担在200万~700万美元。华盛顿执政期间，国家政府每年的运行费用接近200万美元。1790~1801年，净负担约700万美元，这个数字足以支付美国在独立战争期间所有的国内外贷款。

20世纪60年代，新一代的学者再次讨论了《航海法案》的影响。这个时期，可供参考研究的数据更加充分，许多不同以往的反事实假设，正规的经济学模型层出不穷。罗伯特·保罗·托马斯（Robert Paul Thomas）首先开始了研究。他的研究表明，与美国独立时期相比，处于英国殖民管辖下的美国多付了200万美元的净成本，或者略低于哈珀估算的净负担的下限，《航海法案》实际上带来的成本并不算特别高。在接下来的15年里，学者进行了大量严格的定量研究，并对研究方法展开了激烈辩论。大部分学者总结得出，《航海法案》本身对于美国殖民地居民来说，并不算特别沉重。许多现代学者达成了这一点共识。近期的一项研究总结道，在接受调查的经济学家与历史学家中，近90%都同意"《航海法案》施加给殖民地居民的负担比较小这个命题"。

4倍税负惹的祸？

如果《航海法案》带来的负担这么小（据托马斯的计算，不超过GDP的1%），那么为什么美国人如此小题大做？简而言之，尽管《航海法案》施加给美国殖民地整体的负担比较小，但负担并不是均匀分布在不同的经济领域。有些经济部门与地区遭受过大的冲击，有些部门与地区几乎没有受到影响。《航海法案》影响最大的群体倾向于成为美国独立革命最坚定的支持者。

参与大西洋贸易的美国商人是英国帝国政策影响最大的群体之一。在美国独立革命前的30年里，英国向北美殖民地的商品出口量戏剧化地扩张。伴随英美贸易额的激增，贸易性质发生了变化。之前，英国出口商主要通过美国商行进行交易。18世纪中叶，英国出口商越过了他们的美国同行，直接通过拍卖行和代理商行将商品卖给商店经营者，仅仅一个城市里就有多达150家拍卖行和代理商行。法案对美国商人的影响显著，特别是对波士顿、纽约、费城、查尔斯顿和巴尔的摩这样的港口城市和商品集散中心的商人。这引发了几场针对英国商品发起的有组织的抵制活动。考虑到法案对美国贸易施加的限制，抵制声明签名者中约1/4是著名的商人可能不会令人感到奇怪，包括约翰·汉考克和罗伯特·莫里斯等。与英国进口商品竞争的城市工匠及国内商品制造商，包括保罗·列维尔和本杰明·富兰克林等殖民地居民也受到了《航海法案》的严重影响，并成为了美国独立革命最坚定的支持者。

弗吉尼亚州的烟草种植者华盛顿和杰斐逊，以及北卡罗来纳州和马里兰州的烟草种植者，首当其冲地受到了《航海法案》的冲击。法案规定，他们有和英国商人进行有利可图的烟草贸易的垄断权。法案规定，所有出口商品最初必须运往英国，不论商品的目的地是哪里。这项规定进一步减少了庄园主的利润。《航海法案》授予英国商人烟草贸易融资的垄断权。随着种植烟草的农民的负债越积越高，他们的革命热忱也越发高涨。

第2章 | 不费吹灰之力搞垮一个帝国
英国在北美失败的经济政策

与种植烟草的农民不同，大米种植者所受《航海法案》的影响较小，他们对英国的殖民统治没那么敌视。大量的大米从殖民地运往英国，既在英国销售，部分也再出口。1731年，大米被允许直接从美国运往南欧，而不需要在英国中转。1763年，大米被允许直接出口到法属西印度群岛（French West Indies）。大米对英属加勒比地区的出口从未受过限制，其从北美殖民地出口的货物也逃脱了《航海法案》的影响。因此，《航海法案》对大米种植者增加的负担比对烟草种植者的负担小。这解释了为何切萨皮克（Chesapeake，美国弗吉尼亚州东南部城市）的烟草种植者成为了热情的革命者，而北卡罗来纳州的大米种植者却能安于接受英国的统治。

保守计算《航海法案》的负担分布有助于阐明这个观点。假设《航海法案》的负担更多地施加在商人和烟草种植者身上，其他经济领域的负担要少得多。进一步假设，美国殖民地全部的20万城市人口，约占殖民地近400万总人口的5%，参与了跨大西洋贸易。这个假设当然把人数夸大了。假设弗吉尼亚州的总人口约为美国殖民地总人口的19%，且参与了烟草种植。这个假设也夸大了，但马里兰州和北卡罗来纳州的部分地区也参与了烟草种植，把这部分计入就接近真实人数了。

把粗略估计的数字加总起来，你会发现，《航海法案》的主要负担施加在美国殖民地25%的总人口身上。如果《航海法案》的总成本约为GDP的1%，并落入全部经济领域中的1/4，那么经济受影响区域的成本约为GDP的4%。从某种程度上说，高估的城市人口和弗吉尼亚人口夸大了《航海法案》的影响，不同经济区域的负担实际上更加均衡。如果只有20%的经济领域受到《航海法案》的影响，该经济领域的负担是GDP的5%。

45

回到之前提出的问题，如果《航海法案》的负担如此小，为什么美国人如此小题大做？其实，美国人紧张不安的原因在于，《航海法案》的总负担不足 1%，但该法案对某些商人、工匠、制造商与烟草种植者的影响是普通美国人的 4 倍。所以，身处影响程度较大经济领域的人恰恰是最热情的革命者。

过早丢弃北美殖民地

大英帝国建立了全世界有史以来最庞大的帝国。在鼎盛时期，大英帝国的领土扩展到大约全球陆地面积的 1/4，统治着大约全球人口的 1/4。大英帝国最早的殖民地是加勒比海地区及北美洲地区，但西半球也是最早脱离帝国的重要地区。1776 年，美国发表了著名的《独立宣言》，宣布脱离英国的统治。1781 年，美国赢得独立战争期间最后一场主要战役的胜利，英军在约克敦投降。1783 年，美英签订《巴黎条约》（*Treaty of Paris*），英国正式宣布承认美国独立。

北美殖民地的丧失并没有终结大英帝国的荣耀。这确实标志着一个新阶段的开启，非洲和亚洲成为了大英帝国最重要的殖民地。"二战"之前，人们真的可以说，日不落帝国的太阳尚未落下。"二战"后，大英帝国的各个殖民地纷纷脱离了帝国的统治。20 世纪 40 年代，英国人撤离了印度、巴基斯坦及英属巴勒斯坦。五六十年代，殖民地政治独立的浪潮蔓延到非洲及加勒比海地区。80 年代中期，英国与曾经的殖民地之间尚存的联系仅仅是仪式上的。大英帝国的时代，结束了！

《航海法案》是美国爆发独立战争的罪魁祸首吗？不是。《航海法案》并没有想象中具有压迫性，还不至于使美国"陷入一种绝望的贫穷"。

实际上，《航海法案》给殖民地居民施加的总负担相对较轻，但那些负担没有均衡地施加在殖民地的所有人口身上，而是相对集中在几个经济领域。在这些经济领域中，以此谋生的人成为了独立战争最狂热的支持者。在独立战争爆发的前几年，包括法国外交部长在内的几位观察者预测美国殖民地独立的时机很快会成熟。美国人口稠密，经济富裕，技术发达，已经不可能继续作为英国的殖民地了。英国没有适时调整其与北美殖民地之间的关系，美国的独立最终还会到来。《航海法案》不是革命爆发的导火索，但加速了革命的进程。

《航海法案》是一场严重的经济政策失误。《航海法案》以牺牲殖民地的利益为代价，以促进英国本土变得富足，实际上却给英国带来了相当微小的利益。雪上加霜的是，它激怒了美国人口中的关键人群。英国曾在18世纪对《航海法案》进行过多次修改，但从未认真考虑过废除这份法案。从某种程度上来看，英国之所以没有考虑废除法案，可能是因为废除法案会被当作软弱，由此引发其他的帝国政策被挑战。更重要的是，重商主义如此深深地植根于当时决策者的经济观念中，《航海法案》与这种观念不谋而合。对政策制定者来说，他们不会因大卫·休谟这样的反重商主义者而动摇，一切照旧简单易行。英国固守过时的观念，让自己付出了高昂的代价。

● 央行难以逃脱的宿命与抗争

> **WRONG** Nine Economic Policy Disasters and What We Can Learn from Them

第3章 WRONG

央行难以逃脱的宿命与抗争
第一合众国银行与第二合众国银行殊途同归

杰斐逊任职美国国务卿期间，竭力反对创建中央银行；他刚出任总统，就摇身变成设立央行的"急先锋"，他的立场为何转变得如此之快？当政治家面临制度的顶层设计时，他的内心承受着怎样的诱惑与挣扎？

WRONG
Nine Economic Policy Disasters and
What We Can Learn from Them

理查德：你怎么敢杀死我的挚友？

泰尼尔：非常抱歉；但我宁愿杀死两个敌人。

——《理查德三世》第四幕 第二场

◆ 中央银行创立的原因无外乎以下三个：
向政府借款、协调货币秩序和创造信用。

如果你想要建立自己的王国，至少应该有国旗、国歌和货币。国旗应该大胆一些；国歌应该振奋人心；货币应该印上你的肖像，或者说，至少是你一位祖先的肖像。对于国旗，你需要一位设计师，还有一位会做针线活的裁缝。对于国歌，你需要一位作曲家，可能还要一位作词家。对于货币，你首先应该创建一家中央银行。

世界上几乎所有国家都建立了中央银行，几乎所有的中央银行都有着悠久的历史。发达国家的中央银行是世界上最古老的金融机构。瑞典中央银行（Swedish Riksbank）是世界上最古老的中央银行，创建于1668年。英格兰银行（Bank of England）稍微年轻了一些，创建于1694年。英格兰银行一直隐藏在公众视线之外，一直到1781年首相诺斯勋爵（Lord North）在演讲时提到，英格兰银行"根据多年来的运作习惯……成为了宪法的一个组成部分"。其他国家中央银行的创建时间如下：奥地利（1816年）、比利时（1850年）、丹麦（1818年）、芬兰（1811年）、法国（1800年）、德国（1846年）、意大利（1893年）、日本（1882年）、荷兰（1814年）、挪威（1816年）、葡萄牙（1846年）和西班牙（1856年）。这些中央银行的前身一般有100多年，甚至200多年的历史。

对美国来说，中央银行这种近乎普遍的模式绝对是一个例外。18世纪末到19世纪初，美国曾两次创建了中央银行，但后来都废除了。从1836年废除第二家中央银行开始，一直到"一战"爆发前几年，美国是发达国家中唯一没有中央银行的国家。为此，美国付出了高昂的代价。接下来的75年里，美国大约每10年爆发一次经济危机，频率高过任何其他发达国家，也高过美国历史上的其他时期。这个阶段的经济危机非常严重：1873年、1893年和1907年的经济危机是美国历史上最严重的几次经济危机。1907年经济危机的破坏力如此之大，政策制定者在刺激之下创建了美国第三家中央银行——美国联邦储备体系（Federal Reserve System）。与之前的两家中央银行不同，美联储没有废除，一直延续至今。试想最初创建的两家中央银行，如果任意一家没有废除，美国19世纪动荡的经济肯定会平静许多。

最后贷款人的变钱戏法

在探讨美国中央银行独特的历史背景之前，我们首先要了解中央银行的定义以及中央银行的功能。当代，中央银行承担了许多职责。中央银行是政府的银行，代表政府接收付款、持有存款并完成支付。历史上，政府为了筹集贷款而创建中央银行，中央银行是政府的银行并非言过其实。例如，1694年，英国政府授予英格兰银行一张特许证，回报是英格兰银行120万英镑的贷款，该贷款用于支付英法战争的费用。正如19世纪的一位观察家的评论，中央银行并非因政府品德高尚而创建，而是"把一位不受欢迎的国王从财政危机中解救出来的一种手段"。

英格兰银行刚建立时，并没有被政府授予特权以公众利益最大化

第3章 央行难以逃脱的宿命与抗争
第一合众国银行与第二合众国银行殊途同归

为经营目标,这与当时其他国家中央银行的做法相同,但与现代中央银行的宗旨完全不同。实际上,虽然英格兰银行承担官方职责和被政府授予特权,但它仍是一家纯粹的私人机构。由于英格兰银行最初的章程没有包括永续经营,只保证11年的存续期,这就成为其与政府频繁谈判的主题。此后,英格兰银行提前一年告知政府其存续期到期,英国政府利用这段时间偿还贷款,并决定是否撤销银行的特许证。事实上,政府没有撤销银行的特许证,并在接下来的150年里9次续签了特许证。当政府财政资金短缺(尤其与他国处于战争状态)时,政府通常续签银行的特许证,换取新的银行贷款和其他特权。

现代中央银行常常采取单独行动或与其他政府机构合作,监督和管理国内的商业银行系统。最早的中央银行创始人肯定没有把中央银行设想成银行业的监管机构,原因有两点。首先,这些中央银行通常是第一家国家特许的银行,有几十年的存续期。其中,英格兰银行和瑞典中央银行的特许证延续了100多年。因此,中央银行创始人不太可能提前预料到银行"系统"的监管问题。第二,早期的中央银行是以利益最大化为经营目标的私人机构,很难相信政府让实质上的商业银行负责监管其竞争者。不论是有意还是无意,早期的中央银行没有正式的监管责任,但或多或少地完成了一些现代中央银行的监督任务。

最重要的一点是,现代的中央银行承担了一部分制定货币政策的职能。中央银行改变准备金的多少和准备金率的高低,由此影响货币供应和利率。中央银行有两个目标:一是保持价格稳定,二是促进经济增长。中央银行可以管理外汇储备和干预外汇市场,直接影响本国货币在国际市场上的价值。中央银行也常常在维持金融稳定性方面发挥主导作用,扮演"最后贷款人"的角色。对于最后贷款人的含义,

我需要更详细地解释银行系统是怎么运作的。

试想一个简化的银行资产负债表,这份表格记录着银行的资产与负债。资产包括现金、有价证券及贷款。现金没有利息,但这部分资产很安全。现金的价值不会改变,银行在储户想要提取存款时进行支付。有价证券(一般是债券)和贷款都产生利息收入,但这部分资产的价值可能向下波动。如果债券市场不景气,银行所持有债券的价值就会缩水;如果曾获得银行贷款的公司破产,这笔贷款可能会变得一文不值。当储户集中提取存款时,这些收益性资产必须转换成现金。银行贷款除了央行贴现,几乎没有市场可供出售。此时,如果债券市场也变得越来越不稳定,要将这些资产转换成现金,特别在急需现金的情况下,银行可能要付出巨大的代价。在金融不稳定时期,银行可能根本无法卖出这些资产。负债主要包含即期负债(Demand Liabilities),即要求用现金偿还的债务。一般来说,这些债务可以用于支付,可以视为货币。早期的时候,即期负债主要是银行发行的纸币。现在,即期负债主要是支票账户中的存款。

资产负债表反映了银行面临的两难选择:"恐惧与贪婪"。银行家从有价证券与贷款的资产组合中赚取收益,而持有现金无法获得任何收益。因而,他们有足够的"贪婪"动机,将手中持有的现金最小化,持有的贷款与有价证券最大化。如果持有大量即期负债的人某一天来到银行,要求支取现金,而银行却没有充足的现金,银行会因无法完成支付而被迫关门。即便政府没有强制要求银行维持最低标准的现金持有比例,银行也会持有超过实际需求的现金,防止出现挤兑事件。

现金更恰当的名称是准备金,指中央银行账户上持有的现金与存款。中央银行通过在公开市场上买入与卖出有价证券来实施货币政策。

当中央银行购买证券时,他们向卖方开具支票。卖方把支票存在他(她)的银行账户中,然后这家银行向中央银行兑现支票。中央银行会通过在证券出售人的银行账户上创建新的存款进行支付,这增加了这家银行的准备金以及整个银行系统的准备金。一般来说,这是货币政策最难解释的部分。学生经常提出这样的问题,"中央银行的存款来自哪里?"或者"中央银行从哪里获得用于购买证券的准备金呢?"答案是,中央银行给商业银行创造了新的准备金。不像银行、政府、企业或个人,中央银行能凭空创造准备金,仅仅只是在资产负债表上增加一个条目。

如果银行的准备金增加,银行将增加贷款与证券持有量。假设所有的银行都如此,活期存款将增加,货币供应量也会增大,利率会下降。因此,中央银行能凭空创造准备金,不论通过印刷钞票,还是通过创造储备存款,都可以将准备金借贷给那些因流动性危机无法满足储户提现要求而濒临破产的银行。这就是商业银行、政府与企业通常无法驾驭的事情,也是中央银行能扮演好"最后贷款人"角色的原因。

在制定货币政策时,中央银行面临一项两难选择。一方面,它们有动机提高准备金水平,因为降低银行准备金率,降低利率,可以激发企业新建厂房与购买设备(这部分投资主要来源于银行借贷资金),促进经济增长。如果政府可以对中央银行施加压力,让其提供无息贷款,或者政府自己发行货币,那么政府拥有几乎无限的信用额度来增加支出,直到远远超过税收。如果准备金注入得过多,货币供应量会迅速增加,继而引发通货膨胀,甚至恶性通货膨胀。另一方面,如果准备金的增长速度不够迅速,高利率会扼杀经济增长的活力。

19世纪,银行准备金大部分是金属货币,即黄金和白银。负债端由私人银行发行的银行券构成。在这里,恐惧与贪婪再次走上历史舞台。一家银行发行的银行券越多，收益性资产（贷款与有价证券）越多，利润也越大。银行券只能在发行银行赎回，所以银行券离发行的银行越远，流通越顺畅。同时，银行券在遥远的地方流通也意味着，只有很少的银行券会被兑换成黄金或白银。当然，如果银行券的持有者要兑换黄金或白银，而银行的储备无法满足储户的需求，银行就会破产。

为"信用"而生

一般而言，中央银行创立的原因无外乎以下三个：向政府借款、协调货币秩序和创造信用。正如之前提到的，英格兰银行最初是一个替政府筹集资金的机构。类似地，拿破仑尽管对银行抱有深深的怀疑，但出于为国家创造收入的目的而创建了法兰西银行。即便并非主要出于财政考虑而创建的中央银行，同样能给政府带来一些财政利益。例如，瑞典中央银行被要求与国王和斯德哥尔摩市分享利益。

一些中央银行因整顿混乱的货币状况而建立，政府通常授予这家新机构发行银行券的垄断权。芬兰银行创建于1812年（瑞典把芬兰割让给俄国的3年之后），让俄国的货币取代正在流通的芬兰货币。奥地利国民银行创建后被授予了发行货币的垄断权。在接下来的几十年里，政府持续过度发行货币，导致了严重的通货膨胀。对挪威和丹麦来说，一个类似于中央银行的前身机构过度发行货币，本国的中央银行不得不重新创建，并被授予发行货币的垄断权。在德国和意大利完成国家统一后，考虑到加强一些机构的货币发行能力，它们分别创建了德意志帝国银行与意大利银行。尽管瑞典中央银行不是为了财政目的而创建的，但瑞典笨重的铜货币（10 帝国代勒硬币的重量是 19.7 千克）实际上确保了其成功。作为一家货币发行的银行，瑞典中央银行极大地简化了瑞典笨拙的货币安排。

其他中央银行创建的主要目的是创造信用，这对于商业的发展非常重要。试想在一场交易中，一位批发商将商品销售给一位远方的零售商。这位批发商自然想要尽快收到货款，因为一旦发出商品，要收账就难了。但只有当商品已经抵达零售商的店铺，并已经被再次出售后，零售商才有充足的资金来支付这笔货款。创建一个信用机构或许能解决这个问题，这个机构可以把运输中的商品作为抵押品，贷款给零售商。一旦商品得以再次出售，零售商就能偿还贷款。瑞典中央银行是世界上第一家中央银行，也是当时瑞典唯一一家信用创造类银行，其创建的主要目的是促进商业贸易发展。荷兰银行也是为了促进信用创造而创建。荷兰银行现在是一些城市信用创造机构的总部，而这些城市信用创造机构可以追溯到阿姆斯特丹创建于 1609 年的威索尔银行。18 世纪 90 年代，这些机构的衰退和贸易的长期不景气，促使政府当局于 1814 年创建荷兰银行，希望推动贸易的再度复苏。创建比利时国家银行的目的也是类似的，即在 1848 年的革命浪潮与货币动荡时期支持国内经济，控制货币发行与提供公共资金。

银行业大扩张前夜，废除央行

在 1776 年《独立宣言》发表和 1783 年《巴黎条约》签订后，美国或许骄傲地从英国殖民者那里获得了独立地位，经济状况却一团糟。1784 年年初，美国的负债超过了 3 900 万美元。1790 年，美国的债务约 7 900 万美元。海关税收是当时大多数国家的主要收入来源，1790 年最后 3 个月的税收总计约 16.2 万美元，远远不够支付国内或国外债务的利息。18 世纪 70 年代由大陆会议发行的货币大陆币（Continental Dollar），贬值非常严重。18 世纪 80 年代早期，大陆币已经毫无价值了。"连一块大陆币都不值"成为了当时常见的一种贬低大陆币的说法。

18 世纪 90 年代，美国开展了一场类似金融革命的运动。1793 年，美国政府筹集了约 470 万美元税款，只够维持政府运作和支付国债的利息。美国铸币厂位于费城，负责铸造被称为美元的金币与银币。证券市场已经在纽约、费城与波士顿兴起，正在为 6 300 万未偿还的国内债务创造市场。1791 年，国会特许建立一家中央银行。

1791 年，美国立法创建合众国银行（The Bank of the United States，BUS），当代的历史学家称之为第一合众国银行（First Bank of the United States）。当时，银行在美国不是一种完全新奇的机构。1791 年年底，5 个州的立法机构都授予银行特许经营许可。1811 年，美国有 100 多家州立特许银行。然而，第一合众国银行是独一无二的，它是唯一一家联邦政府特许的银行，也是唯一一家被允许在美国任何地方开设分支机构的银行。特许经营资格使第一合众国银行与联邦政府之间建立了一种特殊关系。

第一合众国银行是财政部长亚历山大·汉密尔顿的智慧结晶。1779 年，汉密尔顿向财政家罗伯特·莫里斯建议创建一家政府银行。当时，罗伯特·莫里斯不久后将担任新设立的财政总监（Superintendent of Finance）一职。汉密尔顿支持创立第一合众国银行。与英格兰银行、瑞典中央银行以及随后的中央银行创立的原因相似，第一合众国银行为政府筹集资金、保持货币稳定以及信用创造。汉密尔顿计划建立一家促进一种货币流通的银行，这种货币能兑换成黄金与白银。截至汉密尔顿开始实施他的计划，大陆币已经无法兑换为黄金与白银，几乎分文不值了。他提出，政府为中央银行提供信用，刺激贸易，强调银行"已经被证明是推动贸易而发明的最好引擎"。他也提出，中央银行将"为政府提供更大便利，包括金融支持，尤其在紧急状态下"。换句话说，银行将帮助政府借贷资金。

1790年12月，汉密尔顿向国会递交了一份概述这项计划的报告。1790年12月23日，参议院提出了创建第一合众国银行的议案。参议院最终以多数票通过了该议案，并于1791年1月20日将其递交众议院。参议院的投票或讨论都没有记录，我们无法得知那场会议意见分歧的程度。众议院的讨论主要集中于，联邦政府特许一家这样的银行是否违反宪法。汉密尔顿和其他赞成建立强有力中央政府的联邦党人都支持这份议案。同时，杰斐逊、麦迪逊及其他信奉未明确授予联邦政府的权力应当归属各州政府所有的人都反对这份议案。

1791年2月8日，众议院以39∶19的票数通过了这项议案。乔治·华盛顿要求财政部长汉密尔顿、国务卿托马斯·杰斐逊与司法部长埃德蒙·伦道夫写下他们自己对这份议案的书面意见。当然，汉密尔顿支持这项议案；杰斐逊和伦道夫提出这项议案违宪，建议华盛顿否决议案。然而，华盛顿于1791年2月25日签署了这项议案，议案正式成为法律。众议院的投票并非严格按照党派阵营选出。11名反联邦制的共和党人支持建立第一合众国银行，但有6名联邦党人投了反对票。投票者的地域分布更加惊人。在投支持票的人中，只有3名来自南方的州，其中2名来自北卡罗来纳州，1名来自南卡罗来纳州；在投反对票的人中，只有1名来自北方马萨诸塞州。特拉华州与马里兰州的议

员投出了3张支持票和3张反对票。支持者来自商业阶层与富裕阶层，以及那些支持建立一个更强有力的中央政府的人。这是北方地区的普遍观念。反对者主要是不相信商业利益与扩张的联邦权力的农民，他们非常担忧强大的联邦政府可能有一天宣布奴隶制不合法。这些担忧在南部地区更加普遍。

第一合众国银行的总行设在费城，并在纽约、波士顿、巴尔的摩及查尔斯顿几乎同一时间开设了支行。1804年，诺福克、萨凡纳、新奥尔良及华盛顿也增设了分支机构。尽管第一合众国银行的支行与各州特许的银行不存在任何官方关系，但第一合众国银行对这些银行施加了间接的监督管理。一家银行发行的银行券流通的时间越长，距离最初发行的银行越远，这家银行超额发行银行券的能力与动机就越强。第一合众国银行一接收到附近银行发行的银行券，立即到发行银行券的银行，将其兑换成白银。因为第一合众国银行是唯一一家在多个州都设有支行的银行，一家银行发行的银行券流通到其他州，第一合众国银行接收到这些银行券，很容易向银行券的发行银行兑换。银行知道其发行的银行券不会长时间流通，也就没有动机过度发行银行券。

与英格兰银行及瑞典中央银行的关键差异是，第一合众国银行的特许证有效期是20年。如果政府没有明确续约，第一合众国银行的特许证将于1811年3月到期。瑞典中央银行的特许证没有设定有效期，理论上永久有效。英格兰银行的特许证设置了最短的有效期11～33年，并取决于重新签发许可证的立法。政府一般会提前一年通知英格兰银行是否签发许可证，偿还贷款，并到期撤销特许证。瑞典中央银行或英格兰银行特许证的重新签发不需要在一定期限内完成。若政府没有颁布任何重新签发的法律，瑞典中央银行与英格兰银行可以永续经营。

第3章 央行难以逃脱的宿命与抗争
第一合众国银行与第二合众国银行殊途同归

第一合众国银行的特许证到期的前3年，股东请求国会延期。但在过去的这些年里，政治环境发生了翻天覆地的变化，华盛顿与亚当斯领导的联邦党政权被杰斐逊与麦迪逊领导的反联邦党政权取代。当时，除了新英格兰地区，众议院与参议院都坚定地站在反联邦党的阵营里。最初反对建立中央银行的杰斐逊与麦迪逊，还有国会中的联邦党议员都承认第一合众国银行的优势，并支持重新签发特许证。但反联邦党议员持相反的想法。州立特许银行时刻警惕着第一合众国银行，评估其对自身银行券发行能力的限制，进而损失了多少商业利益。马萨诸塞州、宾夕法尼亚州及马里兰州的立法机关"命令"其议员对第一合众国银行重新颁发特许证这一议案投反对票。塞缪尔·塔格特是一位马萨诸塞州乡村地区的议员。他提出，实际上所有著名商业城市的议员之前都反对建立银行。众议院与参议院都没有通过重新签发银行颁发特许证的议案——两院都只有一张赞成票。

第一合众国银行经营的时间结点，恰逢银行业正处于扩张期。1782年，美国最早的州特许银行北美银行创建。1784年，马萨诸塞州银行创建。这两家银行都在第一合众国银行之前获得了特许证。亚历山大·汉密尔顿创建的纽约银行、马里兰银行及普罗维登斯银行都在第一合众国银行同年获得了特许证。1791年年底，全美国还只有5家州特许银行，到1811年时增加到了110多家。同期，银行的资本金暴增了近15倍。1792年年底，只有5个州创建了州特许银行。到1811年年底，21个州和地区以及哥伦比亚特区创建了州特许银行。银行业的戏剧化发展反映了美国的领土、人口以及地区间贸易与国际贸易的迅速扩张。1790～1810年，美国人口增长了75%，土地总面积翻了一番。通过保持货币稳定，促进信贷规模可持续增长，第一合众国银行为经济增长做出了突出贡献。

第一合众国银行的终结,标志着银行系统进入了一个更快扩张,但基础不太牢固的阶段。1811~1816年,州立特许银行的数目增加了一倍多。现在,各个银行已不再受第一合众国银行的约束,流通中的银行券面值增长了近150%。1812年英美战争带来的财政压力和过度的货币扩张,金融体系与政府信用在面对危机时极度脆弱。1814年8月,英国向华盛顿发动袭击,放火烧了总统官邸,熊熊燃烧的大火远在巴尔的摩都看得清楚,恐慌也在银行业蔓延。时任美国财政部长艾伯特·加勒廷把银行业的过度扩张以及随后的经济危机,完全归结为没有重新签发第一合众国银行的特许证。

沦为总统的"宠物"

恐慌前,有人已向国会提交了建立一家新的中央银行的议案。至少3份议案没有获得国会的批准,不少于2份被詹姆斯·麦迪逊总统否决了。1816年4月,麦迪逊在授权第二合众国银行(Second Bank of the United States)的法案上签了字,法案正式成为法律。立法过程与1791年的立法过程有很多相同点。一位观察家说,新的特许授权"与旧授权的区别主要在于篇幅,新授权的篇幅大约是旧授权的3倍"。与第一合众国银行一样,政府持有第二合众国银行1/5的股权,签发的特许证期限为20年。第二合众国银行1/5的资本金是黄金或白银,实收资本3 500万美元,高于第一合众国银行1 000万美元的实收资本。一直以来,第一合众国银行是财政部实际上的托管人,第二合众国银行通过法律规定了这一职责。

第3章 央行难以逃脱的宿命与抗争
第一合众国银行与第二合众国银行殊途同归

围绕银行的政治斗争与1791年的斗争相似,只是第二合众国银行的支持者与反对者颠倒了位置。1791年,联邦党人掌权。北部人建立了第一合众国银行,南部人反对。1816年,反联邦主义的共和党人掌权,南部人与西部人支持重新建立中央银行,而北部人反对。共和党人的支持部分说明,掌权者实际上有兴趣掌握一种以国家银行形式存在的实用工具。北部人的反对可能说明,北部各州的银行家有更强大的政治影响力。美国中部的纽约州、新泽西州、宾夕法尼亚州以及新英格兰地区的银行密度是南部和西部各州密度的4倍。如果银行家担心重新创建一家国家银行会束缚他们发行银行券的能力,他们可能向自己所在州的议员施加压力,让议员反对建立新的中央银行。

第二合众国银行的创建并非一帆风顺。第一任行长威廉·琼斯(William Jones)曾担任麦迪逊政府的海军部长与代理财政部长。当时,他刚经历了破产诉讼,这对于就任中央银行行长一职可能不太有利。在琼斯的带领下,第二合众国银行经营不善,在此期间发生了数次戏剧性的政策变化,最终破坏了经济和社会的稳定,还被指控欺诈与管理不善。巴尔的摩分行损失了300万美元,破产了,国会考虑要将第二合众国银行的特许证收回,但1819年琼斯的辞职平息了国会的怒气,国会延缓了银行的关闭。

琼斯的继任者是兰顿·切弗(Langdon Cheves)。他是一位南卡罗来纳州的共和党国会议员,担任众议院议长一职多年。1819~1822年,切弗担任第二合众国银行的行长。在他的任期内,第二合众国银行几乎没有丑闻曝光,但他的领导也称不上成功。切弗天生保守,其批评者指责他"一位银行家也没有他保守"。他的保守主义如此严重,在接管银行后,他开始缩小业务规模,关闭一些分行,减少贷款。这种政策甚至到1819年金融恐慌之后还在实施,当时其他银行都被迫限制自己的业务,进一步紧缩了货币与经济环境。一位评论家总结了切弗在危机发生期间的表现,他确保"银行能够生存下来,而人们被摧毁"。切弗再度当选为行长,但1819年不景气的经济使第二合众国银行不得人心,不久他辞去了行长一职。

切弗的继任者是著名的尼古拉斯·比德尔,他走过了第二合众国银行作为联邦特许银行的剩余岁月。比德尔是宾夕法尼亚州一个著名家族的后裔。他在13岁就达到了宾夕法尼亚大学的毕业要求,但因为年龄太小而被拒绝授予学位。随后他转学到普林斯顿大学,两年后以班级第一的成绩毕业。后来,他担任美国驻巴黎大使的助理,参与路易斯安那购地案谈判,成为美国驻伦敦大使(后来的詹姆斯·门罗总统)的秘书。

相比于前任行长,比德尔证明了自己更有能力,更富有革新精神。在他的领导下,第二合众国银行比第一合众国银行至少多承担了3项功能。首先,银行会根据潜在的经济状况积极地管理货币供给。第二合众国银行通过改变银行券兑换成金属货币的速度来实现对州立银行的管理。如果经济扩张的速度过快,通货膨胀可能加剧,第二合众国银行就积极地使银行券返回到州立银行,迫使州立银行放缓银行券发行。此举减少了货币供应量,也降低了通货膨胀。在经济低迷时期,第二合众国银行以更从容的步调将银行券返回到州立银行,使州立银行扩大银行券发行量,为疲软的经济提供必要的货币刺激。其次,第二合众国银行作为唯一一家分行遍布全国的金融机构,有助于使美元在整个美国的价值保持不变。之前,州立特许银行发行的银行券在各地区价值并不一致,增加了贸易难度。最后,

第 3 章 央行难以逃脱的宿命与抗争
第一合众国银行与第二合众国银行殊途同归

第二合众国银行开始扮演最后贷款人的角色,在经济紧缩时为其他银行提供贷款,使州立特许银行能继续持有它们向企业发放的贷款。如果州立特许银行不得不收回企业的贷款,将迫使企业紧缩业务规模,进一步加剧经济低迷的状况。1825 年,英国爆发了金融危机,给很多美国银行不小的压力,但英格兰银行扮演了最后贷款人的角色,所起的作用至关重要。

尽管比德尔在任期内明显更胜任行长一职,并于 1832 年连任第二合众国银行行长,美国的金融状况也比较稳定,但安德鲁·杰克逊在 1828 年当选了总统,为这家银行的未来蒙上了一层阴影。杰克逊是 1812 年新奥尔良战役中的英雄,他因坚忍不拔而赢得了"老胡桃木"的昵称。他是一个西部拓荒者,只接受了有限的正式教育,还有好斗的名声。杰克逊对地位稳固的精英阶层抱有深深的成见。简而言之,他的态度与比德尔截然相反。杰克逊反对第二合众国银行的原因有几条。其中一条是,他相信,在 1828 年总统选举中,第二合众国银行支持了他的对手约翰·昆西·亚当斯(John Quincy Adams)。

在杰克逊第二个任期结束前,1816 年签发的第二合众国银行特许证到期了,而杰克逊毫不掩饰他反对续期的态度。杰克逊在第 21 届国会致开幕词时说:"对于创建第二合众国银行的法律,其合宪性与适宜性受到大部分国民的强烈质疑。所有人都必须承认,这家银行在创造一种统一而稳健的货币方面,最终都失败了。"从历史学家的角度看,杰克逊的开幕词拉开了"银行战争"的序幕。事实上,比德尔与杰克逊在反对政治集团分化方面是一致的,他们都拥有执拗的性格,这无疑加剧了他们在政策上的分歧。1832 年,国会参众两院以多数票通过了一项重新签发特许证的法案,但杰克逊否决了这项法案。国会试图

推翻总统的否决,后来也试图通过一项签发特许证的新法案,但这些努力均以失败告终。

1836年,联邦政府签发的第二合众国银行特许证期满。杰克逊下令把联邦政府在第二合众国银行的存款转移到其他银行,他的政敌把这些银行称为"宠物银行",这一行动进一步削弱了第二合众国银行的实力。在特许证期满之后,宾夕法尼亚州政府向第二合众国银行签发了州特许证。于是,第二合众国银行重组为宾夕法尼亚银行。1839年,比德尔退休,短暂时间内致力于辉格党总统候选人的提名工作。随后,比德尔与宾夕法尼亚银行的其他前任官员被控告参与了与棉花投机相关的诈骗,但法院宣判罪名不成立。1841年,宾夕法尼亚银行倒闭,比德尔巨额的财富与声誉也随之而去。1844年,比德尔辞世。美国两家中央银行的实验就此结束。在19世纪接下来的75年里,美国所作出的诸多金融财务安排中,没有任何一项再与中央银行有关。

第二合众国银行的终结可以归结为多重因素叠加的结果。银行、企业与农民对中央银行施加在银行券发行与信用创造方面的限制不满。有些人反对的原因是,他们认为联邦政府干涉了原本属于州管辖范围内的问题,美国其他银行都是各州所颁发的特许证。其他人一般不信任银行,尤其对银行集团特别不信任。但有一些人将第二合众国银行的失败归结为,杰克逊政府无法从该银行获得政治"分赃",杰克逊与比德尔之间的性格冲突以及纽约取代费城成了美国的金融中心。

第二合众国银行终结的余波与第一合众国银行有些类似。联邦特许证到期后,通货膨胀随之而来,金融恐慌程度在1837年和1839年达到历史峰值。一种不普遍的观点指出,"繁荣—萧条"模式的恐慌归咎于,杰克逊反对特许证的续期以及放开州立特许银行信用创造的限制。

第3章 央行难以逃脱的宿命与抗争
第一合众国银行与第二合众国银行殊途同归

超额发行货币，牢笼之外的权力

合众国银行特许证的签发失败带来了不利的直接后果，也产生了长期的负面影响。学者一直争论的问题是，中央银行的废除是否对随后的金融恐慌负有责任，中央银行的缺失是否将潜在的支票转移到州立特许银行的货币发行中。历史上，很多金融机构无法被缺乏积极监管的法律所约束，更不用说近期的次贷危机了。发行银行券的权力，即印刷货币的权力，表明了过量发行是一种几乎不可抵挡的诱惑。

糟糕经济政策的一个迹象是，在废除中央银行时，重新建立中央银行的议案几乎立刻涌现出来。尽管第一合众国银行和第二合众国银行命中注定只能持续20年，但它们在政治光谱中获得了长足的支持。正如大多数反联邦主义共和党人一样，托马斯·杰斐逊担任国务卿时反对签发特许证。然而，当杰斐逊成为总统后，他转而支持特许证的续期，毫无疑问地认可了中央银行作为一种公共政策工具的有效性。第一合众国银行被废除的懊悔之情迅速蔓延。很快有人建议重新建立中央银行。不到5年，一家相同名字的新机构出现了。类似地，国会参众两院多数人支持第二合众国银行特许证的续期，只是人数不足总数的2/3，不足以推翻杰克逊总统的否决。最后，在第二合众国银行联邦特许证到期的5年后，国会于1841年通过了创建第3家中央银行的法案，但那项法案被约翰·泰勒（John Tyler）总统否决。

第二合众国银行废除后，美国开始实施所谓的自由银行法律。自由银行法律规定，只要准备好一些文书，把规定数额的州政府债券交由当局保管，个人就能获得一张特许证以及发行票据的权力。由于个人很容易获得发行票据的特权，又缺少中央银行的监督管理，自由银行过度发行了银行券，破产率上升，让持有这些银行券的客户蒙受了巨大的损失。破产常常归咎于"野猫银行"的大量出现。"野猫银行"常常选址在偏远之地，那些急着兑换金属货币的人第一时间难以抵达的地方。流通中货币的不断增加，包括假币和已不再营业的银行所发行的银行券。因此，大量"纸币记者"作品问世，杂志上包含诸多银行券的图片、描述以及当前市场价值的信息。如果有一家在全国设有分行的中央银行，就能确保银行券返回到最初发行的银行，不太容易出现不加控制的过量发行。

之后颁布的主要联邦银行法律是1862年和1863年的《国民银行法》（*National Banking Acts*）。根据这项法律，联邦政府签发特许执照以及赋予银行发行货币的权力，条件是购买联邦政府债券。这项法律促进了联邦政府债券的出售，为美国内战提供了资金，而且创立了一种更加统一的货币。根据《国民银行法》的规定，政府将对目前在美国市场流通中的各种货币征税，使其逐渐退出市场；允许银行发行联邦政府统一设计印制的货币，这些货币仍是发行银行的债务。但银行的时代不断受到金融动荡的干扰：1873年、1884年、1890年、1893年以及1907年都爆发了严重的银行业危机。

当时和随后的研究者通常认为危机的原因之一是，货币供应并没有充分地扩张与收缩，以减缓经济的季节性与周期性波动。例如，在国家银行时期，利率变化表现出了明显的季节性特征，利率在秋季上升到危险水平。在秋季，收获的农作物从农业区（主要是内陆地区）转移到东部的大城市，既用于消费，也用于出口。购买这些农作物的货币反方向流动，导致金融中心资金短缺，利率升高，金融危机爆发的风险变大。这种基于农作物的资金流动解释了，为何金融危机主要在秋季发生。1914年,美联储建立,季节性波动与秋季恐慌的威胁大大降低。考虑到比德尔19世纪20年代的策略,如果美国在19世纪中后期有一家中央银行,那么美国完全有可能减缓经济的季节性与周期性波动,防范一些代价高昂的金融危机。

即便金融危机发生了,中央银行也能减轻危机产生的危害。欧洲中央银行发展的一个重要方向是,中央银行作为最后贷款人的运作技巧,以及接受扮演这个角色所需承担的责任。19世纪,英格兰银行逐渐发展成了"最后贷款人"。这个过程到1873年基本完成,当时沃尔特·白芝浩在他的经典作品《伦巴第街》(*Lombard Street*)中首次综合叙述了最后贷款人所扮演的角色与所承担的责任。19世纪的最后10年,法国、瑞典、挪威与丹麦的中央银行也开始扮演最后贷款人的角色。美联储在1907年金融危机的背景下创立,只比欧洲这些国家晚了15年。如果两家合众国银行没有被废除,美国或许能成为金融领域的先驱,19世纪美国发生银行业危机的可能性也将大大降低。

尽管中央银行具有维持金融稳定性的潜在能力,但政策决定者两次作出否决合众国银行特许证续期的决定,是一项巨大的公共政策失误。这个错误带来了两个后果。首先,是美国根深蒂固的党派之争与地区分裂的部分原因。如果中央银行能给他们带来经济利益,他们就予以支持。反之亦然。第二,无法对银行特许证续期的一个关键原因是意识形态。杰斐逊与麦迪逊最初出于意识形态反对合众国银行,后来由于银行能为他们带来实际利益,转而支持。后来,杰克逊也是出于意识形态的原因反对合众国银行,他的坚持没有被利益击败。正因为如此,美国银行业在接下来的75年中遭受了一次又一次经济危机的侵袭。

● 堂皇而之不作为

> **WRONG** Nine Economic Policy Disasters and What We Can Learn from Them

第4章 WRONG

堂而皇之不作为
爱尔兰大饥荒折射自由市场之殇

执政者笃信科学，原本是好事，但辉格党盲目崇拜"看不见的手"，却上演了一场变相的种族屠戮。从绝对规模到受灾人口，爱尔兰大饥荒都是影响最大的案例。

WRONG
Nine Economic Policy Disasters and
What We Can Learn from Them

随后又要来7个荒年，甚至埃及都忘了先前的丰收，全世界必被饥荒所灭。那以后的饥荒如此严重，便不觉得先前的丰收了。

——《创世记》第41章30～31节

爱尔兰因政治经济而亡。

——约翰·米切尔

◆在意识形态上，罗素和辉格党人支持自由放任的经济政策，他们反对政府对市场机制的干预。

爱尔兰大饥荒是 19 世纪最严重的灾难之一。大约 100 万人活活饿死，占爱尔兰总人口的 12%。更多的爱尔兰人移居国外。大饥荒，爱尔兰语"An Gorta Mór"，植根于《爱尔兰人的哀伤》（*Paddy's Lament*）、《爱尔兰大饥荒》（*This Great Calamity*）以及《为什么爱尔兰闹饥荒》（*Why Ireland Starved*）等口头传说中。这样的学术作品和畅销书唤醒了爱尔兰人对那段悲惨岁月的回忆。

饥荒的影响同样渗透到政治领域。爱尔兰总统玛丽·罗宾逊（Mary Robinson）在 20 世纪 90 年代说过，"过去的苦难，让爱尔兰人站在道德和历史的视角，重新看待当前的事件"。她强烈要求世界上所有人像爱尔兰人一样，关注现代的饥荒受害者。玛丽还写道，"我们要向幸存的爱尔兰人致以最崇高的敬意……我们要把爱尔兰民族这段灾难的记忆永远保存下来，让所有爱尔兰人记住曾经遭受的苦难，记住自己是一名爱尔兰人"。

爱尔兰大饥荒是一场大范围的人道主义悲剧。有人以种族屠杀论来解读这场悲剧。他们声称，这场灾难是英国经过深思熟虑后，断然采取屠杀政策的结果。饥荒研究的学科带头人直截了当地否决了这项

指控。但不可否认的是，相比较于减轻人类的苦难，英国确实更有决心坚持其经济意识形态。

无法用数字表述的灾难

从有记录的历史开始，饥荒屡见不鲜。本章开头提到了埃及饥荒，《圣经》学者推测这场饥荒大约发生在公元前1650年。公元前3000年，埃及石碑上提到了饥荒。中国古代也发生过饥荒。根据一位学者的研究，公元前108年至公元1911年，中国发生了1 828次饥荒。换句话说，在2 000多年里，中国每10年中有9年在某个地区发生了饥荒。20世纪20年代，另一位学者强调了中国饥荒的普遍性。他写道："中国人遇到朋友的礼貌问候用语是'吃过了吗？'，而非像其他国家的惯例那样询问个人的健康或幸福。"人们熟知古希腊、古罗马及中世纪其他地方的饥荒。那个时期，饥荒的典型原因是人类行为（战争）及自然现象（旱灾），或者两者兼有。

从纯数字的角度看，爱尔兰大饥荒至少和过去40年亚洲和非洲的饥荒同等严重。中国在1877～1879年饥荒的死亡人数为950万～1 300万，在1927年饥荒的死亡人数为300万～600万，比爱尔兰饥荒付出了高得多的代价，但因饥荒而死的人数占总人口的比例很小，而爱尔兰大饥荒造成了12%的国内人口死亡。因此，从历史的标准看，爱尔兰大饥荒在绝对规模与对总人口的影响方面都是一场非常严重的灾难。

这场大饥荒对爱尔兰影响深远。大饥荒前，爱尔兰的人口接近850万。在大量人口死亡与部分人口移居外国后，到大饥荒结束时，爱尔兰的人口减少到不足650万。近一个世纪里，爱尔兰的人口都在持续减少。

第4章 堂而皇之不作为
爱尔兰大饥荒折射自由市场之殇

"一战"爆发前,爱尔兰的人口约425万,和现在的人口大致相同。20世纪60年代早期,爱尔兰的人口曾降到最低的280万。到了今天,爱尔兰的人口大约只有它在大饥荒前的3/4。

当然,数字无法准确地再现这场饥荒所带来的痛苦。1846年12月15日,科克郡(Cork)的地方官员尼古拉斯·康明斯(Nicholas Cummins)前往爱尔兰南部的斯基伯林(Skibbereen)考察。眼前的情景惨不忍睹,令尼古拉斯忧心忡忡,备感焦虑。一星期后,他向爱尔兰的威灵顿公爵(Duke of Wellington)写了一封信,信中描述了他在斯基柏林的所见所闻。尼古拉斯向伦敦《泰晤士报》寄了这封信的副本:

> 我意识到可能目睹可怕的饥饿场景,于是准备了5个男人才拿得动的面包。到达目的地时,我很讶异地发现这个悲惨的小村庄已经荒废。我走进几座小茅舍,想要探查原因,眼前出现的场景实在难以用言语或文字来表达。6副瘦到令人毛骨悚然的身躯,从表面上看已经死亡。他们全部蜷缩在墙角肮脏的稻草上,唯一遮盖他们身体的就是一些破布。他们可怜的双腿靠在一起,膝盖以下裸露着。
>
> 我恐惧地走近他们。听到他们低沉的呻吟,我才知道他们还活着。他们正在发烧,6个人中有4个孩子、1个女人,还有1个男人已经人鬼难辨。我没有办法详细描述当时的细节。简单来说,几分钟后,至少200副这样的身躯把我团团围了起来。我无法用语言描述这些因饥饿或发烧而形成的骇人身躯。他们恶魔般的叫声依然在我的耳畔回响,那恐怖的画面深深地烙印在我的脑海中。

当时,可怕的故事随处可见。

饥荒研究领域的学科带头人科尔马克·奥格拉达(Cormac ó Gráda)写道:"要谈'爱尔兰大饥荒',就不能不提'马铃薯'。从1845年起,如果爱尔兰种植的马铃薯没有大规模受灾且多次受灾,饥荒就不会发生。"他的意见包含了两个重要的观点。首先,爱尔兰人,特别是爱尔兰的穷人非常依赖马铃薯。其次,爱尔兰种植的马铃薯连续多年大规模受灾。

马铃薯,一顿饭都少不了

马铃薯来自美国,大约1590年通过西班牙传到了爱尔兰。尽管英国、阿尔萨斯、比利时、瑞士以及欧洲其他地区都种植马铃薯,但没有哪个地方比爱尔兰更喜欢马铃薯,当地的人和动物都喜欢马铃薯。19世纪40年代早期,爱尔兰成年男性平均每人每天大约消耗5磅(1磅≈0.45千克)马铃薯。对爱尔兰最贫穷的三等公民来说,这个比率甚至会更高,平均每人每天消耗10~12磅。相比之下,当时法国的日常消费量要低得多,1852年每人每天大约消耗6盎司(1盎司≈28.35170克)。19世纪70年代,挪威每人每天大约消耗20盎司,荷兰每人每天大约消耗28.5盎司。在马铃薯消费方面,几个接近爱尔兰的地区如下:比利时的法兰德斯(Belgian Flanders),1800年每人每天大约消耗2.2磅,1845年每人每天大约消耗4.4磅;阿尔萨斯每人每天消耗6.5~8磅;普鲁士(Prussia)1800年每人每天大约消耗0.5磅,19世纪40年代每人每天大约消耗2.5磅。

为什么马铃薯在爱尔兰如此受欢迎呢?

第4章 堂而皇之不作为
爱尔兰大饥荒折射自由市场之殇

爱尔兰的气候与土壤非常适合种植马铃薯。我们无法确认的是，马铃薯为什么成为爱尔兰人最重要的一种农作物；马铃薯地位的提高是爱尔兰大饥荒前人口大量增长的原因，还是结果。不过，我们明确得知，爱尔兰人的主食是马铃薯和乳酪，这些食物为他们提供了充足的能量和矿物质，还包括人体所需的几乎所有种类的维生素。19世纪到20世纪初，发达国家发病率较高的一些疾病，如坏血病、糙皮病以及其他维生素缺乏的疾病，在大饥荒前的爱尔兰发病率均较低。在分析了大饥荒前爱尔兰人的饮食习惯后，现代学者得出结论，当时爱尔兰人的饮食符合营养学家"每日推荐摄入量"的标准，19世纪的历史同样证明了这一点。

马铃薯在爱尔兰的突出地位得到了普遍认可，爱尔兰人还为此举办了庆祝活动。在革命时期移居法国的爱尔兰人托马斯·基廷（Thomas Keating）建议法国人向爱尔兰人学习：

> 仔细想想爱尔兰的实际情况，我们会相信，马铃薯与玉米面包一样营养丰富，易于吸收。爱尔兰岛上有300多万人口。一个无可争辩的事实是，岛上2/3的人口每人每年食用的面包不足12磅。爱尔兰人以马铃薯为生，偶尔往马铃薯上加一点儿盐和黄油。全世界都知道，爱尔兰农民非常强壮，非常勇敢。

大饥荒时期是降低马铃薯依赖性的一个重要时点。正如之前经历的几次马铃薯灾害，马铃薯受灾带来了灾难性的后果。19世纪中期，马铃薯受灾的主因是真菌感染，疫霉菌是罪魁祸首。疫霉菌在1843年夏曾侵袭过美国，1845年跨越大西洋，它的传播路径一直处于争论之中。

1845年8月，英国的农作物发生感染。枯萎病在如今非常有名，但刚被发现的时候并没有名字，被称作"疫病""枯萎病""瘟热病""腐败症"和"瘟疫"等。或许，最适合的名字是"黑腐病"，因为马铃薯一旦受到感染，茎叶就会死亡，块茎腐烂，最终整株发黑腐烂。只要温度和湿度适中，疫霉菌的孢子就会快速传播到其他地方，但爱尔兰大部分地区都符合这两个条件。

1845年9月，枯萎病传播抵达爱尔兰。首先，爱尔兰东南部的韦克斯福德郡（Wexford）与沃特福特郡（Waterford）受灾。1845年，种植的马铃薯蒙受了严重的损失，有1/4～1/3的马铃薯因枯萎病而腐烂。1845年，马铃薯的产量比往年高得多，枯萎病没有带来灾难性的影响。1844年，爱尔兰收获了大约1 480万吨马铃薯。1845年，马铃薯的产量降到约1 000万吨。1846年，马铃薯的减产更加严重，当年的产量还不到300万吨。因为担心感染上枯萎病，种植马铃薯的土地面积被戏剧化地缩减。1846年马铃薯种植面积有200多万英亩（1英亩≈0.404公顷），1847年减少到不足30万英亩。1847年，马铃薯生长良好，但因为种植面积大大缩减，总产量只有200万吨。从枯萎病疫情中暂时得以喘息后，马铃薯的种植面积开始增加。1848年，马铃薯的种植面积增加到80万英亩。1849年，疫情再次爆发，潮湿的环境再一次使马铃薯歉收。

马铃薯这种作物，尽管它的叶子可见，但马铃薯却生长在地下，直到收获时，我们才能看到马铃薯的庐山真面目。首次发现枯萎病的时间是在1845年9月，但马铃薯要到10月才开始全面收获，很难鉴别枯萎病最初给作物造成破坏的严重程度。尽管如此，保守党政府首相罗伯特·皮尔爵士迅速采取了行动。首次发现枯萎病的一星期之内，

第4章 堂而皇之不作为
爱尔兰大饥荒折射自由市场之殇

政府下令让各郡的警察每周提交马铃薯作物的报告。截至10月，皮尔爵士已向爱尔兰派遣了一个科学委员会，负责调查马铃薯的受灾情况，并免费提供阻止疫病蔓延的药物。这个科学委员会的防疫建议书被广泛散播。政府印制了70 000份，向每一位乡村教区的神父分发30份；皇家农业协会（Royal Agricultural Society）向当地的农业机构发放了10 000份。不幸的是，科学调查员误判了当时的疫情，他们提出的补救措施完全失效。

11月，政府建立了一个临时救灾委员会，负责组建食品补给站和整合当地的救灾委员会。在未获财政部批准的情况下，皮尔和英国财政大臣乔治·古尔本（George Goulburn）向美国购买了总价值10万英镑的玉米，这些玉米于1845年冬至1846年春陆续抵达英国。其他玉米和燕麦从英国进口。当时，爱尔兰政府进口了约4 400万磅粮食，天真地认为这些食物足够支撑近50万人生活3个月。

政府计划按成本价把粮食卖给当地的救灾委员会。政府期望救灾委员会向当地的地主筹集资金。进口粮食既不是取代本地的粮食市场，也不把这些粮食直接发放给穷人。进口粮食是储备物资，如果当地粮食价格大幅上涨，政府开始抛售粮食，给粮食价格施加下行压力。政府还制定了一系列公共工程项目计划，兴建港口、码头与公路等基础设施。这些项目付出了60万英镑的成本，提供了高达14万个就业岗位，让穷人获得了购买粮食的收入。

除了以上两项措施，救灾的主要依据是1838年爱尔兰颁布的《济贫法》（*Poor Relief Act*）。法案规定，济贫法公会从当地纳税人手中获取资金，承担管理救济食物的责任。在大部分例子中，"救助"意味着济贫院的工作。从这份法案的颁布到1845年，爱尔兰共建立了约130

家济贫院。创建济贫院本意是为了提供救助，但它没有提供足够吸引人的环境。也就是说，济贫院的状况令人不太愉快，包括"与家庭成员隔离，被关禁闭，体力劳动，令人讨厌且有时候并不充足的食物，以及被收容的人被迫穿上表明自己身份的制服"。济贫院是一个如此没有吸引力的选择，成了穷人最后的选择。1846年3月底，爱尔兰济贫院共收容了不到5万人。随着爱尔兰的灾情逐渐恶化，济贫院的收容人数也不断增加，1847年年初达到了最大收容人数10万人。济贫院越来越拥挤，居住环境越来越糟糕，疾病也越来越猖獗。1847年1月2日《经济学人》杂志上的一篇报道写道："宿舍更像猪圈，而不是人类居住的地方，里面恶臭冲天，任何人都忍受不了这种味道。"

媒体与多位官员提出了多种应对危机的方法。一些补救方法应用于食物短缺的早期阶段，另一些方法应用于马铃薯枯萎病的防治上。他们提出的措施包括：禁止把粮食酿成酒，禁止粮食出口。在大饥荒中期，爱尔兰还出口粮食到国外，这一事实似乎很反常。然而，政府没有颁布任何禁止粮食出口的政策，或禁止粮食价格上涨得过高的政策。因此，粮食生产者有足够的动机出口粮食。事实上，政府在1846～1847年禁止爱尔兰出口粮食，对当时的食物短缺帮助也并不大，出口的马铃薯可能只占当时爱尔兰人食品消费总量的1/7。皮尔对这项政策的好处表示怀疑。他写道："我对禁止谷物出口或让酿酒厂停工的措施丝毫没有信心。唯一有效的补救措施在于消除粮食进口的阻碍。"

假装制造残忍的错觉

皮尔所说的"粮食进口的阻碍"指《谷物法》。17世纪以来，《谷物法》

第4章 堂而皇之不作为
爱尔兰大饥荒折射自由市场之殇

一直以某种形式存在着。当世界粮食价格较低时,《谷物法》通过对进口粮食征收关税,使国内的粮食销售价格维持在较高的水平。换句话说,当国外的粮食丰收时,粮食的进口价格会偏低,但关税会抬高进口粮食的价格,国内的粮食生产者以较高的价格出售粮食,不用担心偏高的定价使自己不敌外国竞争者。英国和爱尔兰的土地领主以及保守党的核心成员都支持《谷物法》。当时,大部分的粮食进口来源于俄国和普鲁士,《谷物法》使国内的粮食更有竞争力。因此,皮尔背后强大的保守党坚定地支持《谷物法》,但大饥荒让皮尔确信《谷物法》应该废除。于是,保守党内部发生了分裂,辉格党则一致支持废除《谷物法》。在辉格党的力促下,国会最终通过了废除《谷物法》的法案。不幸的是,保守党的分裂直接导致了皮尔下台。1846年6月,约翰·罗素勋爵领导下的辉格党政府开始执政。

皮尔政府对大饥荒采取的措施迅速而有效。粮食进口增加了食物的供应量,公共工程项目让受饥荒影响的穷人有钱购买食物。在一定程度上来说,这些举措主要建立在食物短缺早期成功经济政策的基础上,即1817年、1822年、1831年、1839年以及1842年颁布的政策。1817年饥荒时,皮尔担任爱尔兰首席秘书。毫无疑问,皮尔深受这段经历的影响。

我们肯定不能因皮尔没有完成的事,如禁止粮食出口和关闭酿酒厂,对他横加指责。我们寓贬于褒,他在1845~1846年面临的挑战,并没有他的继任者严重。

尽管如此,历史学家和当代的观察家对皮尔政府的评价还算积极。当时,谁都不知道这场饥荒会变得那么严重。皮尔的执政生涯临近尾声,《自由人报》不无欣赏地写道:

罗伯特·皮尔勋爵面对有限的困境，充分而出色地作出了应对。在他执政期间，没有人因饥荒死亡，这可能是他值得骄傲的一点。贫困人口在 1845 年进一步扩大，这种政策最终可能扩展了未来的困境。

比较皮尔和他的继任者约翰·罗素勋爵应对危机的方法，并不完全公平。他们遇到的情形完全不同。皮尔执政时期，马铃薯作物仅部分遭到破坏。1845 年，爱尔兰马铃薯的产量大概是前一年的 2/3。在马铃薯作物被彻底破坏的几个月前，罗素勋爵成为了英国首相。1845 年马铃薯的产量已有所减少，1846 年的产量还不足 1845 年的 1/3。此后 6 年，爱尔兰还遭受着饥荒的折磨。尽管如此，皮尔和罗素迥异的应对方法依然值得注意。

"迷恋"自由市场

在意识形态上，罗素和辉格党人支持自由放任的经济政策。也就是说，他们反对政府对市场机制的干预。这种意识形态是他们支持废除《谷物法》的一个重要原因。罗素几乎一上台就清楚地声明，这一届政府应对危机的方法和皮尔政府不同。1846 年 8 月 17 日，罗素在议会上谈到了前任政府的进口粮食决定：

除非在紧急状况下，我认为供给印第安玉米是一种需要非常审慎使用的措施。如果使用财政资金为人民购买食物成为国家的惯例，且这种食物以较低的零售价格出售，那么正常

第4章 堂而皇之不作为
爱尔兰大饥荒折射自由市场之殇

的贸易秩序将被打乱。假如我们废除通过自然商业运作为我们提供食物的举措，当地贸易的中间商将会完全疯狂，政府发现自己需要承担一种不可能胜任的责任——我指的是，养活一国人的责任。

在1846年10月，罗素与爱尔兰总督的信件中更直接地说道："必须彻底理清的是，我们无法养活一国人。假装如此，我们是在制造一种残忍的错觉。"

罗素终止了皮尔的政策，出售政府进口的粮食反击国内粮食价格的迅速上涨。他认为上届政府错误地估计了粮食仓库的分配区域，系统运作并不良好，于是关闭了爱尔兰东部地区的粮食仓库，只在西北地区继续保留粮食仓库。当东部地区的仓库出售其储藏的粮食时，政府没有以等于或低于成本的价格出售，以此压低市场上的粮食价格。罗素政府像皮尔政府一样，以当地市场上的一般价格出售。实际上，当地的市场价格仍较高，垄断资本家控制了当地的价格。还有，罗素拒绝限制爱尔兰的粮食出口，皮尔也是如此。罗素刚刚成功废除了《谷物法》，无意于扭转他在市场干预方面的立场。"迷恋自由贸易，"后来一位历史学家写道，"捆缚住了他们的手脚。"最后，与罗素最初的意图相反，政府最终同意进口粮食，但进口的粮食远远不能满足马铃薯的减产缺口。

在议会演讲中，罗素用类似的经济逻辑批评了上届政府的公共工程项目，称这些项目干扰了自由的劳动力市场：

> 对许多公共工程项目来说，它们将促进社会进步。尽管这

些工程本身具有价值,但最终的效果是,普通的工作岗位被抛弃,人们更偏好选择公共工程项目的岗位。所以,普通的劳动力就业市场再次受到干扰。

他进一步指出,公共工程项目提供了大量的工作岗位,爱尔兰人不会选择苏格兰和英格兰北部的季节性农业工作,结果"收成因劳动力的短缺而被延误,我相信,整个国家在这一过程中损失了大量粮食"。英国粮食歉收就责怪爱尔兰人,毫无疑问,这番措辞无法提高罗素在爱尔兰的受欢迎度。

尽管异议尚存,罗素不打算抛弃公共工程项目,但他改变了基础建设的职能。在新的方案下,一个中心机构工程委员会负责规划与管理公共工程项目,但资金筹集的责任更多地落到当地纳税人身上,而不是伦敦政府。英国政客常说:"爱尔兰的贫困必须用爱尔兰的资产解决。"新的公共工程计划以惨败告终,爱尔兰人根本无力负担这些基础设施建设项目。

尽管罗素对基建项目抱有很大的怀疑,但公共工程项目从1846年秋天开始戏剧性地扩大。工程委员会的雇员人数在1846年10月初是2.6万名,11月末增加到28.6万名,12月进一步增加到44.1万名,1847年3月超过了71.4万名。工人的工资还不够他们糊口,工作的合理性消失殆尽。1847年春天,公共工程项目终止,救援计划的总成本达到了485万英镑。

公共工程项目结束后,政府设立了施粥场,直接为穷人免费提供食物。科克郡和其他地方的贵格会教徒也设立了施粥场,这种行为受到了广泛的赞扬。施粥场只是一种暂时的措施,用于衔接1847年3月公共工程计划的终结和新济贫法的实施。新济贫法将更高比例的救济支出转嫁到当地纳税人身上，数目高到了他们难以承受的程度，越来越多的人因租不起房子而无家可归。

7月初施粥场最繁忙的时候，300万人嗷嗷待哺。就救援的成本和救济的人数而言，施粥场是缓解饥荒较为有效的措施之一，但施粥场也是最短命的几种救灾措施之一。

针对罗素对爱尔兰大饥荒的处理措施，历史学家和当代观察家理所当然得出了非常严厉的结论。一位死于饥荒的市民被出具了多份不同的验尸报告：验尸陪审团中有位委员认为"死亡原因是政府疏忽，没能及时向国民运送食物"；另一位委员证实死者"死于饥饿"，并附上了一份证明文件，建议控告约翰·罗素勋爵犯有蓄意谋杀罪。

遍地饿殍，仍顽拒粮食进口

这场大饥荒的结束时间很难说得清。不同的学术机构定义的大饥荒结束时间各不相同，包括1847年、1849年、1850年和1852年。1849年夏，济贫院已人满为患，共收容了约25万人；除了救济院，75万多人依靠《济贫法》的规定接受救济。不同地区灾荒结束的时间也各不相同。

1850年，北爱尔兰的死亡率已降到了1846年的水平，但其他地区的死亡率到1851年还居高不下。饥荒引起的移民随处可见，一些土地领主支持饥饿的穷人移民，他们急着让这些人离开。1844年，移民的总人数约5万。1846～1848年，移民增加到10万多人。1847～1852年，移民每隔一年多出20万人。

近年来，有人用种族灭绝描述爱尔兰大饥荒。美国一些州强制要求，高中教科书把爱尔兰大饥荒描述成一个种族灭绝的例子。有时候，爱尔兰大饥荒会出现在研究"二战"纳粹对犹太人的大屠杀的课堂上。这就被错误地误导了。该领域的大部分学者认为，大饥荒不是英国对爱尔兰种族屠杀阴谋的一部分。可以肯定的是，英国政策制定者并未对爱尔兰的苦难展现出充分的关心。英国的救助政策表现为"迟缓且半心半意"。随着危机的逐步加深，英国愈加强调，爱尔兰的问题应由爱尔兰的纳税人付钱解决。但考虑面临如此严重的危机，爱尔兰不可能满足这个要求。

毫无疑问，如果英国对爱尔兰大饥荒采取了更加有效的应对方法，更多的爱尔兰人将活下来。相反，如果灾荒发生在英国，毫无疑问，英国的回应将会更加积极。实际上，相比较于爱尔兰人的苦难，英国政府更担心英格兰秋收缺乏季节性工人。对爱尔兰人来说，这种歧视一直存在。爱尔兰国会议员威廉·史密斯·奥布莱恩苦涩地说："如果明天爱尔兰发生了叛乱，英国将愿意派出1 000万或2 000万军队来镇压。他们愿意毁灭生命，却不愿意拯救生命。"

遗憾的是，爱尔兰大饥荒不是世界上最后一场饥荒。大饥荒结束后，中国、非洲、索马里、印度次大陆（Indian Subcontinent）以及其他一些国家或地区都发生了严重的饥荒。这些国家以及后来发生饥荒的其他国家已经非常贫穷了，但他们还常常处于战争状态。通常，这些国家没有现代政府或社会机构。相反，19世纪的爱尔兰不算富有，但绝对不贫穷。当时，爱尔兰正处于和平时期，有高水平的政府与社会机构，并与当时世界领先的经济与军事国家组成了政治联盟。政策制定者怎么能容忍这场悲剧的发生？

第4章 堂而皇之不作为
爱尔兰大饥荒折射自由市场之殇

面对爱尔兰的死亡紧急状况时,承诺市场自由且不受约束的英国政府无法采取高效的行动。元凶是约翰·罗素勋爵领导下的辉格党政府,他们担心扰乱市场的运作机制而拒绝进口粮食。哀鸿遍野时,罗素对意识形态的盲目坚持产生了悲剧性的后果。

● 政治家，其实更善于学习

> WRONG Nine Economic Policy Disasters and
What We Can Learn from Them

第5章 WRONG

政治家，其实更善于学习
"一战"后倾力索赔，"二战"后大度赦免

"一战"过后，协约国用"收缴工业和含糊不明的赔款"把德国逼入债务深渊，似乎想使其永世不得翻身。令人大跌眼镜的是，这却成为希特勒崛起的第一个台阶。"二战"过后，德国再次战败，这次为何不仅没有"上不封顶"的债务，更有"马歇尔计划"扶持重建工业？

WRONG
Nine Economic Policy Disasters and What We Can Learn from Them

德国佬将会赔偿一切。

——法国财政部长
路易·卢西安·克洛茨

如果我们谨慎地关注贫穷的中欧复仇,我敢预言,很快将会出现新的进展。最终,没有什么能长时间阻止反动势力与绝望的革命力量之间爆发内战。在此之前,"一战"后期的恐怖会逐渐消逝。不论这场战争最终的胜利者是谁,它都将摧毁我们这一代的文明和发展进程。

——约翰·梅纳德·凯恩斯

◆巨额赔款摧毁了德国经济，新魏玛共和国的政局非常不稳定，部分导致了第二次世界大战的爆发。

美国内战将领威廉·特库姆塞·舍曼（William Tecumseh Sherman）的一句话广为流传：战争即地狱。不得不提的是，舍曼是战胜方。尽管战争双方都经历了死亡与毁灭的折磨，但战败方通常会比战胜方承受更多的苦难。自古以来，战败使一个国家失去独立地位，失去领土，失去财富，失去一切。公元前264年至公元前241年，第一次布匿战争后，罗马从迦太基（Carthage）手中夺取了西西里岛，并要求迦太基支付3 200塔兰特（1塔兰特在20~40千克）白银。公元前218年至公元前201年，第二次布匿战争后，迦太基失去了伊比利亚半岛（Iberia），接受罗马对自身军队或海军方面施加的限制，向罗马赔偿1万塔兰特白银。公元前149年至公元前146年，第三次布匿战争结束时，迦太基被夷为平地，居民被杀死或被卖作奴隶。战争的确是人间地狱。

英国经济学家凯恩斯把"一战"后强加于德国的和平称为迦太基式和平，并以辞职表示对巴黎和会上英国代表团的抗议。尽管协约国对待德国的人口和财富远不及罗马共和国对迦太基人残酷，但《凡尔赛条约》的惩罚空前严厉。德国被迫割让领土给周边国家，也失去了

所有海外的殖民地。德国陆军与海军受到诸多限制。德国的武器制造也受到了严格的限制，并禁止进出口军火。按照当时的标准，德国被要求支付极高的赔款。在两次世界大战期间，沉重的赔款负担直接导致了不稳定的德国政治经济环境。不稳定的政治经济环境为纳粹的崛起以及德国的对外侵略创造了条件。最终，第二次世界大战爆发。

战败，一笔大负债

在第一次世界大战中，伤亡人数非常多。在这场战争中，约850万军人阵亡，约1 500万军人和平民受伤。为了直观理解这场"大屠杀"的规模，试想"一战"前100年所有的战争，包括国与国之间的战争和国内战争，战争死亡总人数约560万。如果把俄国革命包括在内，这个死亡总人数大概是500万～1 000万。战争消耗的物质同样惊人。"一战"结束后，经济学家欧内斯特·鲍嘉对战争的"直接成本"进行了测算："直接成本"（军费支出），达到了1 860亿美元，而"间接成本"（生命与财产的价值）达到了1 520亿美元。当时，3 380亿美元的总损失比美国在战争的4年中所生产的商品与服务的总量的1.5倍还多。

交战双方在停战6个月后签订了《凡尔赛条约》，直接把战争的责任归咎于德国及其盟友，明确德国将支付高额的赔款。第231和232条规定：

> 协约国坚持要求德国为自身及其盟友的侵略所造成协约国的所有财产损失与人员伤亡承担责任。
>
> 协约国承认，德国并不足以……付清所有的战争赔款。

> 但协约国要求，德国承诺赔偿交战期间协约国从领土、领海以及领空因侵略而造成的所有人员及财产方面的损失……

《凡尔赛条约》列举了几种德国必须支付的损害赔偿，但条约既没有详细说明赔款数额，也没有约定付清赔款的截止时间。条约规定，德国需要在30年内偿清债务，但如果德国的经济状况不佳，协约国可以延迟部分赔款的偿还期限。除非协约国政府明确签订了协议，否则这些债务不得取消。条约没有直接确定赔款总量，但协约国内部约定成立赔偿委员会（Reparation Commission）于1921年5月1日前决定赔款的总量与付款计划。整个20世纪20年代，赔款的数额与偿还期限都没有确定，德国人无法确知他们到底要支付多少赔款，以及付清赔款的最后期限。长期的不确定性加重了赔款的负担。

尽管《凡尔赛条约》没有确定赔款数额，但它确定了第一笔赔款的数目——200亿金马克（约47.6亿美元）。这笔钱用于支付占领军所需的食物与其他补给，还用于支付德国需要向协约国提供的各种货物。这些货物包括德国目前的一部分商船和内河船只，以及每年约20万吨的新商船。条约要求德国交出大量机械设备、工具、重建的材料以及农场的动物，包括700匹种马、4万匹小雌马和母马、0.4万头公牛、14万头奶牛、0.12万头公羊、12万头绵羊、1万头山羊、4万头小母牛以及1.5万头母猪。1925年1月1日之前，德国还要向法国和比利时赔偿4 350万吨煤，1919年德国手中50%的染料和化工产品，以及德国25%的正常生产商品。

1920～1921年，协约国集团召开了一系列首脑会议，主要探讨包括赔款在内的战后安排。会议的召开地点包括意大利的圣雷莫、英国的海斯与伦敦、法国的布伦与巴黎以及比利时的斯帕与布鲁塞尔。法国是协约国中最坚决要求对德国进行严厉惩罚的国家。法国的态度可以追溯为三个因素。第一，"一战"期间，大部分的物理破坏都发生在法国。第二，伦敦的赔款会议实际上召开于普法战争50周年纪念日。当时，法国战败，失去了最近才重新收复的阿尔萨斯—洛林地区。第三，法国担心德国的经济复苏。普法战争时期，法国失去了阿尔萨斯—洛林地区，但其人口规模和德国旗鼓相当，经济发展水平也大致相同。但到了1914年，德国的人口几乎比法国多70%，德国的贸易、工业与科技发展水平都远远超过法国。

1921年5月，协约国集团在伦敦召开会议，制定赔款支付的计划表。已经明确的是，美国参议院没有签署《凡尔赛条约》。美国是协约国集团中最不希望向德国收取巨额战争赔款的国家，从"四巨头"（其他三国为法国、英国、意大利）之一变成了旁观者。英国反对法国和意大利向德国提出更多极端要求，旁观者身份限制了美国对英国的支持。1921年1月，巴黎会谈确定总赔款数额为2 260亿金马克（约530亿美元）。1921年5月，伦敦会谈确定了赔款数额为1 320亿金马克（约310亿美元）。虽然赔款数额有所减少，但凯恩斯估算，德国的偿还能力只有100亿美元——赔款数额是德国偿还能力的3倍有余。根据伦敦会谈确定的赔款计划，德国必须立刻偿还500亿金马克（约117亿美元）赔款，剩下的820亿金马克推迟到德国具备相应的偿还能力时。包括债务（包括本金和利息）和占领成本，德国首次需要支付40亿金马克（约10亿美元）赔偿款。

从历史的角度看，伦敦赔偿计划可与拿破仑战争（1815～1819年）和普法战争（1871年）之后施加于法国的赔款，以及"二战"后施加给德国、意大利与日本的赔款相比较。无论以哪一种标准来评价，伦敦会谈中确定的赔款总额均远远超过了三场战争向战败国要求的赔款总额。"一战"后，德国需支付的赔款总额大致相当于德国全年经济总量的83%，全年税收收入的350%，以及一年出口总额的500%。相反，拿破仑战争和普法战争之后，法国需支付的赔款数额相当于全年经济总量的25%或更低，大约全年税收收入的200%，以及全年出口总额的200%~400%。鉴于"一战"后的赔偿经验，"二战"后施加于德国、日本和意大利的战争赔款数量进一步降低。

尽管1921年施加给德国的赔款压力非常巨大，但我们不能把责任单单归咎于协约国集团。战争结束时，协约国积累了大量的内部债务。美国于1917年4月参战，随后向协约国集团成员大规模贷款。战争结束时，美国的贷款规模高达约110亿美元，是当时最大的净债权国。英国的贷款数量与美国大致相当，其中包括一大笔俄国的贷款，但无法确定这笔贷款在俄国革命之后是否能收回。英国反过来向美国贷款47亿美元，所以英国的贷款余额是64亿美元。类似地，法国对外贷款了35亿美元，其中约40%借给俄国，但法国向美国贷款40亿美元，向英国贷款30亿美元，法国的净负债是35亿美元。美国拒绝了英国与法国减少或取消借贷款项的提案。其中一项提案是，如果德国向法国偿还了战争赔款，法国再向美国还款。如果这些提案能通过，英国和法国更加愿意降低它们对德国提出的赔款要求。

债务累积的部分原因在于，协约国以一种杂乱无章的方式分担战争的经济与军事成本。20世纪20年代初，一位观察家写到，英国向意大利军队提供6英寸的榴弹炮，支持意大利步兵的火力。这些榴弹炮被列入意大利对英国的债务清单中，但当用马匹把英国的榴弹炮和炮

兵运往意大利时，这些运输成本则是由英国财政部承担。甚至，英国人员和牲畜在意大利的生活成本，如食物与铁路运输，都是由英国政府承担的。

从《凡尔赛条约》开始，几乎所有与赔款有关的协议都有一个显著特征——表述模糊不清。在考察了多份约束德国支付赔款能力的条款后，几位学者提出，协约国或许没有期望德国支付协议约定的全部金额。显然，德国官员在表述他们的支付能力时完全有动机有所保留，而且他们确实这么做了。尽管约定的赔款金额巨大，但德国向我们证明了，德国宁愿破坏自己的经济，也不屈服于协约国集团的要求。

拿纸币当手纸的德国穷人

巨额赔款（德国对此表示抵抗）摧毁了德国经济。新魏玛共和国（Weimar Republic，1919年至1933年期间统治德国的共和政体。——译者注）的政局非常不稳定，这也是德国政府发动第二次世界大战的部分原因。1920～1922年，德国财政连续赤字，战争赔款占用了大部分财政资金。条约规定，德国需要向协约国提供商品，但几乎从一开始就达不到约定数量。1922年10月，赔偿委员会宣布德国违约，因为德国没有提供规定数量的木材。1923年1月，法国和比利时军队占领了鲁尔山谷，试图直接"收取"赔款。德国工人外出罢工，德国政府还向工人直接发放报酬予以支持，但这使政府的财政状况进一步恶化。

德国政府为了支付赔款而提高了税收，但并不足以使财政收支平衡。政府的支出，包括支持工人罢工的费用，都来自于德国的中央银行——德意志帝国银行。这就需要中央银行发行更多货币，满足政府的贷款需求。1921年1月至1923年12月，货币供应量增加了7 500倍，导致了世界上最著名的恶性通货膨胀。1920年1月，德国的物价是1914年7月"一战"前的10倍，而这只经过了大约5年半的时间。以现代工业经济的标准看，这意味着严重的通货膨胀。例如，美国物价在1946～2005年这59年增长了10倍，英国物价在1972～2007年这36年增长了10倍。

德国物价下一次增长10倍发生在1922年7月，仅过了大约1年半的时间；下一次不到6个月；再下一次不到4个月。恶性通货膨胀尾声，德国的物价几天内增长了10倍，单单1923年10月的物价就增长了近300倍。同时，德国金马克的国际市场价格戏剧化地下跌：1920年和1921年上半年的价格为1.5～2.5美分，1923年年底降到了0.000 000 000 03美分。

物价的急剧上涨同样导致发行货币的面额戏剧化的增大。至此，人们购买普通商品也需要使用比原来面额大得多的货币。"一战"爆发前，面额最大的1 000金马克相当于240美元。1922年1月，德国开始发行面额10 000金马克的纸币，紧接着在当年11月发行了面额50 000金马克金的纸币。1923年，纸币的面额猛涨：2月初发行了面额10万金马克的纸币，不到3个星期发行了面额100万金马克的纸币。6月，市场上出现了面额1 000万、2 000万以及5 000万金马克金的纸币。8月，德国首次发行了面额1亿金马克的纸币，9月发行了面额5亿、10亿、50亿以及100亿金马克的纸币，10月和11月发行了面额100万亿金马克的纸币。1923年11月，一种新的货币地租马克（Rentenmark）产生，新货币与旧货币之间的兑换比率为1万亿比1。

说明当时通货膨胀严重性的证据比比皆是。一些照片拍下了德国人烧纸币来取暖，把纸币当厕纸使用的情景。当时，流传着这样一个故事。一个人走进一家商店，把一个塞满纸币的手提箱放在了路边。当他从商店走出来想要提着手提箱离开时，他发现，一个小偷把箱子里的纸币倒在路边后把空手提箱拿走了。还有一个故事在大学生中引起了共鸣：酒馆里越来越多的人一次买两瓶啤酒，因为喝完了第一瓶再买第二瓶时，第二瓶的价格就比第一瓶高得多了。不论这些故事是真是假，它们都展现了恶性通货膨胀对普通经济生活的破坏。

印钞削减赤字？

1923 年 11 月，物价趋于稳定，关键因素在于德国进行了货币改革，包括创立了一种新货币，政府承诺采取财政紧缩政策。1924 年 8 月，德国通过了一项法案，通过限制政府任命高级官员的权力增强德意志帝国银行的独立性。此后，任命高级官员的权力由总理事会（General Council，由德意志帝国银行的股东和 7 名外国人选举出的 7 名德国人组成。——译者注）接管。这项法案严格限制了政府从德意志帝国银行获得新的贷款，降低了政府通过印制货币来解决未来财政赤字的可能。政府减少了政府雇员人数，降低了工资，其工资支出这一项大幅下降。鲁尔区的企业家与协约国集团达成了协议，增加煤炭和其他商品的产量，德国政府也停止向工人发放补助金，鲁尔区的消极抵抗终结。以上措施稳定了商品的价格和汇率，但德国依然要支付一大笔赔款。

道威斯计划（Dawes Plan）带来了一些帮助。1923 年 11 月，协约国集团任命一批专家组成道威斯委员会，让他们分析德国偿还赔款的能力。查尔斯·盖茨·道威斯（Charles G. Dawes）担任委员会的主席，他担任过美国预算局（Bureau of the Budget）局长，后来还担任过卡尔文·柯立芝（Calvin Coolidge）政府副总统一职。1924年4月，道威斯委员会提出了它们的建议，并于8月底通过。道威斯计划削减近两年支付的赔款，然后逐渐增加接下来每年的赔款。计划提到了早前德意志帝国银行的重组，并宣称德国的经济活动不再受外国机构的阻碍，被占领的鲁尔区重新回到德国的怀抱。

道威斯计划并没有削减赔款总数或协约国集团内部的贷款，但推迟了大笔款项的支付，这给了德国政府喘息的空间。这项计划还提供了一笔相当于约8亿地租马克的国际外汇贷款：美国提供50%，英国提供25%，法国、意大利、比利时、荷兰、瑞典和瑞士提供剩下的25%。这笔贷款和道威斯计划约定的赔款关系不大，计划约定德国第一年支付10亿地租马克。此举对德国的稳定意义重大，带动了一大批美国个人投资者向德国提供贷款。道威斯计划被视为取得了巨大成功，道威斯也和奥斯丁·张伯伦共同获得了1925年的诺贝尔和平奖。

尽管道威斯计划早期取得了成功，但20世纪20年代后期，德国财政的持续性受到越来越多的质疑。道威斯计划约定，德国第1年赔付10亿地租马克，然后逐年增长，到第5年赔付25亿地租马克。1928年，S. 帕克·吉尔伯特（S. Parker Gilbert）是监督协约国赔款支付的美国官员，他很担心德国政府再次陷入不负责任的财政赤字。这推动着另一个专家委员会的成立，委员会的主席为通用电气（General Electric）的总裁与董事长欧文·德·杨格（Owen D. Young）。1929年2～6月，杨格委员会在巴黎举行会谈，承担确定最终赔款总额的责任。

杨格计划进一步削减了德国的赔款。这份计划将每年的赔款划分为两个部分："绝对"需要支付的赔款约6.6亿地租马克；"非绝对的"

的金额约 10 亿地租马克起步，具体多少根据当时的情况确定，但不能取消。1929 年，这两部分赔款不到 25 亿地租马克。杨格计划包含一项条款，如果协约国集团内部任何一笔贷款被免除，可以削减德国的赔款金额。另一项条款约定，协约国集团再次向德国提供 13 亿地租马克的贷款。

够了，所有债务取消！

不久之后，"大萧条"来了。1931 年 5 月，奥地利安斯塔特信用社（Credit Anstalt）破产。随后，金融危机席卷全球。美国总统赫伯特·胡佛提出，赔款和协约国集团内部的债务免偿还 1 年。在 1932 年的洛桑会议上，英国和法国宣布德国可以停止支付战争赔款。美国必须先取消英国和法国的债务，德国的战争赔款才能取消，但美国从未同意。一年期满后，英国和法国违约，未能偿还美国的债务。1933 年，"一战"结束 14 年之后，赔款最终被取消。凯恩斯以英国财政部代表身份参加了巴黎和会。凯恩斯阐述了许多取消赔款的理由，强烈反对向德国收取严厉的赔款，但最终没能成功。在《凡尔赛条约》签订的 3 个星期前，凯恩斯愤愤地离开了巴黎。他给首相戴维·劳合·乔治写信说道：

> 我应该让你知道，周六我就要逃离这场噩梦。我在这里已没有什么事情做了。即使在最后糟糕的一周，我也希望你制定一个公平有利的条约。但现在显然太迟了，谈判失败了。

过了不到半年,凯恩斯出版了一本谴责《凡尔赛条约》的新书——《和平的经济后果》。这本书充满智慧,公开辩论当时的热点议题,很快成为世界级畅销书。这本书在德国特别受欢迎,毕竟大部分内容都是围绕《凡尔赛条约》展开的辩论。在之后一个版本的前言中,一位编辑总结道:

> 德国"破产"了……尽管我们努力减少赔款数额……如果战胜国能够更加慷慨,取消战争赔款和协约国集团的内部债务,促进自由贸易与国际合作,并且宽容对待魏玛政府,没有令其羞耻地公开承认战争罪行,那么德国的民主可能会蓬勃发展。1923 年摧毁德国金马克和中产阶级的恶性通货膨胀以及 1929 年的"大萧条",可能都不会发生。希特勒可能不会掌权,"二战"可能不会发生,纳粹的死亡集中营也可能不会出现。

实际上,事实更加微妙。许多学者认为,伦敦会谈确定的赔款金额及后续修订条款的内容"没有看上去那么严苛"。在确定赔款金额的时候,协约国根本没有指望德国全额支付。

然而,我们很难不把这些债务视作一种压迫。相较之前的战争,伦敦赔款计划要求德国支付 500 亿金马克(条约规定了 1 320 亿金马克的假定债务,但只需支付部分赔款)仍很高,但伦敦会谈已把 2 260 亿金马克的债务削减至 1 320 亿金马克这个金额。如此严厉的赔款要求并非为了实现某些合理的经济政策,而是出于削弱德国实力这个更基于意识形态的目标。实际上,德国确实被削弱了。赔款重担逐渐削弱了德国政府的财政,导致了鲁尔区被占领以及恶性通货膨胀这些原本可以避免的后果。

赔款"激发"希特勒

　　赔款的压迫性不仅表现为赔款金额很高，也表现为赔款的不确定性。每次商谈赔款金额时，协约国集团都增添一些附加条件。《凡尔赛条约》本身只确定了临时赔款的金额，没有确定赔款的总金额，表示要等待协约国集团"最后确定"赔款总金额。伦敦赔款计划确定的赔款金额高达1 320亿德国金马克，但只要求立即支付500亿德国金马克，剩余的820亿允许德国今后支付。道威斯计划削减并重新规划了赔款金额，但德国最终需要承担的赔偿依然有很大的不确定性。协约国集团原本想在杨格计划里把赔款金额最终确定下来，但依然没有。胡佛总统提出的暂停支付同样也很短命。对德国政府、德国国内的商业与金融、消费者以及外国债权人来说，这种不确定性让他们更加难以预测并应对即将到来的经济动荡。

　　压迫性和含糊不明的赔款，经济的不确定以及魏玛共和国政府的脆弱，都是极端主义滋生的土壤。1921年年初，希特勒发表演讲，谴责伦敦赔款计划，这吸引了他的第一批拥护者。类似地，由于欧元危机的爆发，现在欧洲的极端政党，包括希腊公开的新纳粹主义政党"金色黎明"在内的政党已采取了严格的紧缩措施，借以表达他们令人厌恶的观点。有一点值得肯定的是，赔款与希特勒和纳粹主义兴起之间存在直接联系。当然，我们也无法忽视20世纪20年代的事实：德国陷入恶性通货膨胀、政治不稳定以及世界性的"大萧条"。

　　政策制定者从"一战"后的德国赔款灾难中吸取到教训了吗？是的。"二战"后，战胜国又一次面临着如何处理战败国德国的问题。包括时任美国财政部长小亨利·摩根索（Henry Morganthau Jr.）在内的一些人极力主张完全解除德国的工业生产能力，即把一个制造业大国变成一个农业国家。摩根索认为，如果德国的工业基础被剥夺，它就没有再次武装的能力，也就不会再对周边的国家造成威胁。权力走廊（指暗中控制决策的权力中心）支持他的观点，但同盟国采取了不同的惩罚措施。最终，德国被占领了7年，东德被占领的时间更长，但德国被允许重建自身的工业基础。更进一步，"马歇尔计划"帮助德国从战争的废墟中一步步恢复，并逐渐发展成为世界主要的工业强国之一。"一战"后的德国赔款政策完全是一场灾难，但"二战"后的赔款政策表明，政策制定者能够（有时候确实）从自己犯下的错误中吸取教训。

● "大萧条"与"金本位制"因缘际会

> **WRONG** Nine Economic Policy Disasters and What We Can Learn from Them

第6章 WRONG

"大萧条"与"金本位制"因缘际会
伯南克的敬畏有迹可循

"大萧条"是理解宏观经济学的圣杯？在老牌经济强国英国的眼皮底下，名不见经传的瑞典如何成为第一个大规模使用纸币的欧洲国家？如果法国人突然不喝葡萄酒，改喝德国啤酒，一个小小的习俗变化如何成为撬动大国汇率的杠杆？

WRONG
Nine Economic Policy Disasters and What We Can Learn from Them

一向征服别人的英格兰，现在已经可耻地征服了它自己。

——《理查德二世》第二幕 第一场

很少有英国人不为打破黄金枷锁而欢欣雀跃。

——约翰·梅纳德·凯恩斯

◆ 两次世界大战之间的金本位制从一
　开始就没有发挥应有的作用。

美联储主席本·伯南克（Ben Bernanke）在开始为美国的经济灾难担忧前，写道：

"大萧条"是理解宏观经济学的圣杯。"大萧条"产生了宏观经济学这个独立的研究领域，还带来了一定程度上没有研究透的案例。这场发生于20世纪30年代的经济灾难，一直影响着宏观经济学的信念、政策建议与研究议程。

伯南克的敬畏是有据可循的。"大萧条"是工业化世界有史以来持续时间最长、影响最大的经济萎缩。1929~1934年，几乎所有发达国家的商品和服务总产出都出现下滑。从某种程度上说，累计损失超过总产出的1/5。国际贸易总额与工业产值急剧下降，失业率普遍超过20%，金融与货币危机不断扩大。

"我们还没有找到一种方法能够触摸到'大萧条'，"伯南克在1995年写道，"在过去15年里，我们已经在理解'大萧条'的道路上取得了长足进步。"我们认识到，金本位制在加剧"大萧条"方面扮演着关键角色。在两次世界大战之间，从很大程度上说，各国普遍采用金本位制的原因是，"一战"前有超强经济实力的英国决定 1925 年回归金本位制。最终，金本位制政策带来了灾难性后果。

牛顿发明了金本位制？

自古以来，黄金、白银和其他贵金属一直作为货币使用。贵金属是天然的货币，至少有 4 点原因。第一，贵金属是非常珍贵的装饰品，不论是否是货币，都具有很高的价值。第二，开采和提炼贵金属是一个缓慢而昂贵的过程。它们的供应量有限，其价值不会在短期内剧烈波动。这个特点也非常适合成为货币，不会像德国在"一战"后因过度发行金马克而发生恶性通货膨胀。第三，贵金属可以称重和测量。我们可以确定货币本身黄金或白银的含量，从而确定它们的价值。第四，贵金属的价值与重量之比非常高。在大规模交易中，贵金属比其他廉价金属更便于携带和交换。

铸造贵金属硬币的历史十分悠久。硬币上压印了特别标记（多数情况下是国王的头像）和面额，有助于直观了解硬币中贵金属的含量。因此，"面额"代表硬币的实际价值。官方的证据显示，有些人会暗中使坏，通过"削切"（从硬币边缘切下少量的金属）、"擦损"（把许多硬币放在一个袋子里使劲摇晃，好让它们掉下一些金银的粉末）以及其他一些从硬币上偷取少量贵金属的巧妙方法。只要不被发现，这些犯罪者手中的硬币价值会保持不变。他们还额外获得了一些黄金，熔化铸造出更多硬币。巨大利益驱使着人们参与硬币再加工的犯罪，政府制定了相关法律，对这种犯罪行为采取包括死刑在内的严厉惩罚，

第6章 "大萧条"与"金本位制"因缘际会
伯南克的敬畏有迹可循

同时努力提高铸币技术，以便人们更容易分辨假币或其他经过加工的硬币。并非只有造假者和加工者有动机对硬币做手脚，有些国王会在铸造硬币的时候加入低于面额价值的贵金属，从而用更少的黄金铸造出更多硬币，使自己变得更加富裕。

19世纪中期之前，白银一直是最常见的金属货币。一方面，黄金太昂贵（单位重量黄金的价值是白银的15倍），日常交易中用到金币的概率非常低；另一方面，铜币的价值不够高，不便于日常交易。瑞典是一个铜币铸造大国，17世纪初使用铜作为金属货币，由此提高了对铜的需求量，铜的价值也相应提高。单位重量的白银价值是铜的近100倍，所以单位价值铜币的体积很大，10代勒（daler，瑞典货币名称）的铜币重19.7千克，标准铜币的直径长24厘米。在铜币系统下，如果没有马车，大型交易完全无法完成，这解释了为什么瑞典会是欧洲第一个大规模使用纸币的国家。

学术界普遍认为，金本位制在英国的兴起源于伟大的数学家与科学家牛顿爵士。1717年，牛顿任皇家铸币厂厂长，负责确定几尼金币（铸造自西非的黄金）折算成白银的价值。牛顿将几尼金币设定了一个比银币低的价格，有效地使白银逐渐退出了流通领域。这就是著名的格雷欣法则（Gresham's Law）。格雷欣法则指出，当两种实际价值不同而名义价值相同的货币同时流通时，实际价值较高的良币会被收藏、熔化或输出到国外，而实际价值较低的劣币会充斥市场。举一个现代的例子。现在许多国家还发行金币，2009年以来，金币的市场价格已超过每盎司1 000美元，但美国铸币局发行的每盎司金币，面额只有50美元。毫不奇怪，人们不会用金币购买食品杂货，自动贩卖机也不会接受金币，因为金币所含黄金的价值远高于它作为流通货币的价值。

如果黄金的价格降到每盎司 50 美元以下，金币作为流通货币的价值高于其所含黄金的价格，这些金币才会重新流通。这似乎只是想象中才有的情形，但实际确实存在。2006 年，美国铸币局实施条例，禁止熔化 1 分铜币和 5 分镍币，因为这两种硬币所含金属（镍、铜和锌）的价值超过流通货币的面额价值。在牛顿的管理下，金币面额和市场价值严重背离，与美国铸币局及其他许多发行金币的国家一样，但经济仍高效运转。牛顿的措施逐渐使银币退出流通领域。从那时起，英国的货币流通体系主要由金币和黄金储备支持下的纸币组成。

1800～1875 年，包括法国和美国在内的许多国家采用金银双本位制。在双本位制下，流通的货币既包括金币和银币，也包括黄金或白银储备支持下的纸币。双本位制指金币和银币同时流通，两者都不会因格雷欣法则而退出市场的一种货币制度。双本位制的运行很复杂，如果金币或银币的面额大幅偏离它们所含金属的价值，会有一种货币退出流通。1792～1834 年，美国单位金币的面额是银币的 15 倍。当时，黄金的市场价格略高于银币的 15 倍，价格比约 15.5∶1，更廉价的货币继续流通，金币被大量收藏。1834 年，美国把金银的法定比价调整为 16∶1，但金银的市场价值比 16∶1 要低，白银的价值超过了黄金，黄金就成了主要的流通货币。这又是一个格雷欣法则的实例。

双本位制会持续到 19 世纪，一个原因是铸币技术的限制。当时，最小面额的金币也能抵上几天的工资，日常消费根本用不上金币，人们需要一些更小面额的硬币。这个问题可以通过发行银币或价值更低的硬币（如铜币）来解决。19 世纪初，铸造的金币容易仿造，这就需要发行较小面额的银币，降低仿造动机。在没被警察逮捕的情况下，犯罪者用价值不足 1 先令的白银仿造 1 先令银币所获得的利益，远远低于用价值远不足 1 先令的铜仿造 1 先令铜币所获得的利益。

双本位制延续的原因还有两点。第一，采矿集团持续对银币铸造施加政治压力，因为银币铸造会增加对白银的需求，从而提振英国银矿区的经济。第二，高负债的经济部门，如农业部门，支持黄金和白银的双本位制。流通中的货币金属越多，货币总量越多，通货膨胀也越高，那么贷款成本（这对于已负债的人来说特别重要）比采用金本位制要低。

汇率如磐石般稳定

直到 19 世纪 50 年代中期，除了英国，只有蕴藏大量金矿的澳大利亚、加拿大和能够从南美获取大量黄金的葡萄牙这三个国家采用了金本位制。19 世纪 70 年代前，其他大部分国家采用银本位制或双本位制。英国在 19 世纪的国际贸易中占据了极其重要的地位，是众多国际机构的贷款方。因此，这些国家采用金本位制，有助于与当时的超级大国英国进行贸易与金融交易。其他国家有接受金本位制的动机，经济学家称之为"网络外部性"。1872 年，统一的德意志帝国用普法战争后法国支付的战争赔款购买了大量黄金，建立了金本位制。自此开始，正在崛起的工业强国相继迈入了金本位制的行列。1873 年，丹麦、挪威和瑞典采用金本位制；1875 年，荷兰采用金本位制；1877 年，芬兰采用金本位制；1878 年，比利时、法国和瑞士采用金本位制；1879 年，美国采用金本位制；1884 年，意大利采用金本位制；1897 年，日本采用金本位制。

"一战"前的 50 年里，金本位制意味着什么？这并不意味着大部

分现金交易都用金币结算。当然,英国、法国、德国和美国广泛使用金币,纸币也一起参与流通,但其他采用金本位制的国家主要流通黄金储备支持下的纸币。金本位制意味着,货币当局要维持黄金和纸币之间兑换价格的稳定。

金本位制也意味着,当局需要承诺黄金自由进出口。举例证明这一点的必要性。假设德国和法国都采用了金本位制,德国中央银行确定1德国马克可兑换2盎司黄金,法国中央银行确定1法郎可兑换1盎司黄金,马克的含金量是法郎的2倍。因此,这两种货币之间的兑换比率是1德国马克兑换2法郎。假设法国人哪一天突然不喝葡萄酒,改喝德国啤酒了。为了满足这种新需求,法国将出售法郎,购买德国马克。如果他们购入了足够多的德国马克,马克的价格会上升,法郎的价格会下降。假设变成了1德国马克可兑换3法郎。在这种情况下,头脑灵活的人用1德国马克可以兑换3法郎,用3法郎在法国中央银行兑换3盎司黄金,再带着黄金到德国中央银行兑换1.5德国马克。通过这种兑换,聪明人凭借1德国马克赚到0.5德国马克,收益率高达50%。如此高的收益率保证了套利会不断持续下去,德国马克不断被兑换成法郎,黄金也从法国不断向德国流动,直到法郎和德国马克之间的汇率回归到2∶1为止。如果没有一个相对自由的黄金市场,这种调整不可能实现,货币的市场汇率将永远偏离它们所含黄金的比率。

从1880年到"一战"前,许多国家采用了金本位制,工业化世界好像都在使用同一种货币——黄金。各个国家可能把本国货币称作马克、英镑、法郎或美元,但这些货币的价值都由它们背后的黄金含量决定。实际上,金本位制国家的货币汇率长期稳定不变,据说这些国家要求小学生把货币间的汇率背下来,像背九九乘法表一样。对销售产品，借贷资金及海外投资的个人和公司来说，磐石般稳定的汇率消除了市场中很大一部分不确定性，交易永远按照稳定的汇率以一种黄金支持下的货币进行支付。学者认为，工业化国家在"一战"前40多年里采用的金本位制，促进了跨国商品、服务和资金的戏剧性增长，并把这个时期称为"第一次全球化时代"。"一战"爆发后，金本位制难以为继。政府采取措施阻止黄金出口，防止黄金流入敌人手中，他们选择保护国内的黄金储备，以备购买战争物资。如果个人想要出口黄金，必须先获得当局的安全许可证，而政府几乎一张许可证也没批准过。一些国家没有对黄金出口施加法律限制，但确保运载黄金的船只安全抵达目的地也需要付出高昂的成本。所以，战争爆发后，没有官方宣布，金本位制也很快终结。

战争的紧迫状况没有终结金本位制，战时的货币政策也同样会终结金本位制。为了支付战争费用，政府通常大量借贷，大量发行纸币。试想英国的情况。"一战"前，英国财政10年中有9年处于盈余状态。"一战"期间，政府的年支出是年收入的3～4倍。1920年，英国的国债总额是1914年的10倍。1923年，国债的本金和利息超过了政府年度预算的40%，几乎是1914年所占比例的3倍。战争期间，物价飞涨。1920年，流通的货币、商品的批发价格与生活成本已涨到"一战"前的2.5～3倍。债务、财政赤字、货币供应量和价格的快速上升现象在交战国非常普遍，其中在奥地利、德国、匈牙利和波兰出现了更极端的通货膨胀。

黄金，战后王者归来

随着战争渐入尾声，英国和其他国家期望回归金本位制。这种期待合情合理,理所当然。1918年年初,政府委员会接受任命,商讨"一战"后的货币与外汇安排。委员会赞赏了"一战"前金本位制对英国金融稳定与国民幸福带来的积极作用,总结道:"我们认为,战争结束后,应当立刻恢复并维持对经济具有推动作用的金本位制。"回归"一战"前金融、经济与政治相对稳定状态的愿望如此强烈,英国经济历史学家A.J.扬格森(A.J.Youngson)说过:

> 对于所谓的"19世纪",一个试图重建其应有稳定与繁荣的世界,无论对错,金本位制是问题的核心,约柜①就是核心。回归金本位制并没有完成重建任务,或许接下来会按部就班。至少这是人们的愿望。

金本位制的历史意义被英国放大了。德国和奥地利在"一战"中战败,后来还受到恶性通货膨胀的毁灭性打击,但到1924年,这两国已稳定了本国货币和黄金的兑换比率,比"一战"前的兑换比率要低。或许,对英国更严重的打击是,美国早在1919年以"一战"前的汇率回归了金本位制。"一战"对美国几乎未造成影响,"一战"后美国的经济迅速崛起。当时的作家用"直勾勾地看着美元"描写英国对英镑的看法。一位法国观察家认为,回归金本位制对英国来说"事关威信,事关原则……几乎是宗教问题"。

在回归金本位制前,政策制定者没有认真考虑是否调整"一战"前1英镑兑换4.86美元的汇率。显然,维持这个汇率给英国带来了严

---

① 古代以色列民族的圣物。"约"指上帝跟以色列人所订立的契约,而约柜就是放置了上帝与以色列人所立契约的柜。

第6章 "大萧条"与"金本位制"因缘际会
伯南克的敬畏有迹可循

峻挑战。当时,剑桥大学著名经济学教授 A.C. 庇古是政府委员会成员之一。他在 1924 年思考回归金本位制的问题时提到,以低于 4.86 美元的兑换比率回归金本位制"……只要提及就会被驳回,大不列颠及北爱尔兰联合王国不会考虑颁布这种政策"。

英格兰银行行长蒙塔古·诺曼(Montagu Norman)是推动英国重建金本位制的核心人物。诺曼的性格非常复杂,有点儿像隐士,常用假名到各地旅行,并竭尽全力回避媒体。他是英国财政部的一位杰出人物,管理英格兰银行 24 年。在之前的 200 多年里,英格兰银行管理者的任期一般是 2 年,少数人 3 年,只有 1 位在"一战"期间任职超过 5 年。

在尝试重建金本位制的过程中,诺曼受到了国内外金融界的鼓舞。他获得了一些其他国家央行行长的实际帮助和精神支持,特别是本杰明·斯特朗(Benjamin Strong)。斯特朗曾担任纽约银行家信托公司的总裁,1914 年被任命为美国纽约联邦储备银行(Federal Reserve Bank of New York)第一任行长。1916 年,斯特朗访问英国,那是斯特朗和诺曼的初次见面。当时,斯特朗是美国金融界比较具有国际意识的领导人之一。1917 年,诺曼被任命为英格兰银行副行长。1920 年,诺曼晋升为行长。后来,诺曼和斯特朗成了密友,他们定期见面,并通过信件交流私人与专业方面的问题。1928 年,斯特朗去世,年仅 55 岁。两人间的友谊一直延续到了斯特朗生命的最后一刻。

诺曼对金本位制的坚持不可撼动。诺曼在 1923 年 10 月 8 日给斯特朗的一封信中写道:"只要我们没有重建金本位制,我们就可能一无所有,或许只该得到一堆麻烦。我们如何重建金本位制?我们何时开始行动?"为了重建金本位制,诺曼把英镑对美元的汇率提高到

1∶4.86。这是一项非常艰巨的任务，因为在 1920 年 2 月，1 英镑只能兑换到 3.20 美元。20 世纪 20 年代，诺曼通过维持高利率完成了这项任务。英国经济学家 T.E. 格雷高里（T. E. Gregory）描述道，诺曼对"一战"前汇率水平的不懈追求相当于"诺曼对 4.86 美元的征服"。

通往金本位制之路获得了金融界的鼓励。英格兰银行于 1925 年 3 月提高利率，似乎只为回归金本位制作准备。当时，《经济学人》杂志强调："这时候还不能放松。现在适合以一种更强大的全国性力量再推一把，帮助大不列颠这艘头等货轮安全驶入港口。"当 4 月 28 日英国财政大臣温斯顿·丘吉尔在预算演说上宣布回归金本位制的决策时，《经济学人》夸口说道：

> 大不列颠已经庄重地向世界表态："先生们，中断了我们相互交往的战争已经结束。如果我们还有账单需要偿还的话，我们很荣幸用一贯的方式进行支付。"

诺曼的成就得到其他国家中央银行同行的称赞，特别是斯特朗。斯特朗在英国回归金本位制后发来电报说："我们都很高兴，向你致以衷心的祝贺。"他送来的不仅是祝贺，还有纽约联邦储备银行和 J.P. 摩根公司共同向英格兰银行提供的 3 亿美元贷款。这笔贷款用于补充英格兰银行在重建金本位制的过程中不足 7.5 亿美元的黄金储备，确保其有足够的资金购买英镑，维持新的汇率水平。英国顺利回归金本位制，而且没有使用这笔贷款。

于是，英国成为了金本位制集团的一员，其他成员包括美国、奥地利、德国、波兰、匈牙利以及其他几个拉丁美洲国家。这无疑是一个转折点。在英国回归金本位制后,荷兰、南非、澳大利亚、新西兰和瑞士也宣布它们将回归金本位制。1925年,比利时稳定了其货币与黄金的兑换比率。法国于1926年稳定,意大利则在1927年稳定。20世纪30年代末,全球近50个国家采用了金本位制。

新旧全球货币霸主之争

金融界欢迎金本位制的回归,但其他领域有一些反对的声音。20世纪20年代,瑞典著名经济学家古斯塔夫·卡塞尔(Gustav Cassel)一直在警告世人回归金本位制的危险。在英国,前财政大臣雷金纳德·麦克纳、报业巨头比弗布鲁克爵士等著名的自由党政客都强烈反对回归金本位制。凯恩斯在丘吉尔宣布回归金本位制仅仅3个月后,就出版了《丘吉尔先生的经济后果》的小册子,雄辩地提出了许多反对回归金本位制的理由。凯恩斯认为,英国在战时的通货膨胀比美国严重,以"一战"前汇率回归金本位制,会让英国的出口商品在国际市场上的竞争力下降。

接下来的例子阐明了凯恩斯的观点。试想两艘货船,需要运载相同数量与质量的煤炭。1913年,英国货船的运输费是100英镑,美国货船的运输费是486美元,"一战"前英镑与美元之间的汇率是1∶4.86。在这种汇率下,两国货船的货运成本类似,全球的煤炭进口商不会认为支付100英镑的运输费和支付486美元有何不同,100英镑就等同于486美元。1913~1925年,美国商品(包括煤炭)的价格上涨了48%,1913年价值486美元的美国煤炭到了1925年就值721美元。同一时期,英国的物价上涨了64%,"一战"前价值100英镑的煤炭到了1925年值164英镑。英国于1925年恢复1英镑兑换4.86美元的汇率后，价值164英镑的煤炭折合797美元，远高于当时同等数量的煤炭在美国的721美元。在这种情况下，进口商会选择从美国购买煤炭。如果英国想让本国煤炭重新与美国煤炭进行竞争，英国需要让煤炭的美元价格下降到721美元。有两种方法可以实现这一点：其一，把英国煤炭的价格从164英镑降到148英镑，按照1英镑兑换4.86美元的汇率，折合721美元；其二，把英镑与美元之间的汇率调整到1：4.4，164英镑也折合721美元。

有两种方法让英国出口的商品重获竞争力。要么把英镑对美元的汇率调整到1：4.4，要么降低商品的国内价格（如通货紧缩）。英国政府和英格兰银行刚刚按照"一战"前的汇率恢复了金本位制，不可能让货币贬值。所以，唯一的选择是降低商品的国内价格。凯恩斯认为，实现这一点的唯一方法是限制信贷，即通过提高利率，使经济陷入衰退，劳动者会接受更低工资，商家降低商品价格，商品再次在国际市场上获得竞争力。凯恩斯直言不讳道：

> 信贷限制如何使商品价格下降？
>
> 信贷限制通过故意加剧失业来实现。在这种情况下，信贷限制的目标是限制雇主的信贷，使其在当前的物价与工资水平下无法继续雇用劳动力。政策只能通过无底线地强化失业来实现其目标，直到劳动者接受自己的工资降低的残酷事实。

这些观点像预言一样准确。1926年，当煤矿主试图削减工资时，矿工开始罢工，这场激烈的劳资纠纷持续了9个月，最终依然削减了矿工的工资。不久，150多万名矿工参与了总罢工。总罢工持续了9天，搅乱了各个经济领域，包括粮食生产与销售在内。情势非常紧急，政府甚至征用了一艘海军驱逐舰从国外运载一船酵母回来。

由于英格兰银行实行信贷紧缩政策，英国的物价在实行金本位制的1925～1931年不断下降。除了应对持续通货紧缩的压力，英格兰银行还必须防止汇率短期内大幅偏离平价，保护自身的黄金储备。试想英镑的市场价值下降到4.40美元。个人将在英格兰银行用1英镑兑换得到价值4.86美元的黄金（官方价格），然后从这价值4.86美元的黄金中取4.40美元的黄金，再在国际市场上兑换1英镑，即他们可以从中获得0.46美元的净利润。理论上说，这种套利过程将一直持续下去，直到英格兰银行的黄金储备全部消耗殆尽。为了阻止汇率下跌，英格兰银行需要用持有的黄金和外汇兑换英镑，提高国内利率，鼓励黄金和外汇持有者购买以英镑计价的资产，以阻止英镑持有者用英镑兑换黄金与外汇。

英格兰银行需要在维持金本位制和日益恶化的就业状况之间取得平衡，这项艰巨的任务带来了巨大压力。统计分析显示，当英国央行的黄金储备开始减少时，它提高了基准利率和银行利率。但英国央行很担心高利率政策对国内经济的负面影响，也不愿意在银行利率偏高的情况下进一步提高银行利率。在查看政策制定者在当时发布的公开声明与私人信件后，我们发现，英格兰银行坚持金本位制，给不断恶化的国内经济环境带来了不小压力，利率的增长需要缓和一下。每次提高利率，英格兰银行都试图证明，这是应对某个外部事件不得不采取的措施。1924年6月16日，金本位制还处在重建的过程中，英格兰银行就在逐渐恢复"一战"前的汇率。纽约联邦储备银行降低利率后，诺曼在给斯特朗的信中写道：

初看起来，如果纽约联邦储备银行的利率下降到3.5%，人们可能相信，英格兰银行应该把银行利率保持在4%。我并不这么认为。我想要提高利率，但必须找一个提高利率的理由。目前，没有什么理由是显而易见的。

斯特朗告诉诺曼，当年年底纽约联邦储备银行的贴现率将会提升，并发来电报问诺曼是否想要比纽约联邦储备银行更早提高银行利率。诺曼在12月8日的电报中回复斯特朗，如果斯特朗把纽约联邦储备银行的利率提高0.5%，那么英格兰银行将借此机会把银行利率提高1%，"这看起来像美联储迫使我们提高了利率"。显然，诺曼担心重建与维护金本位制所采取的紧缩财政性政策带来的负面影响。

诱人的"黄金枷锁"

两次世界大战之间的金本位制从一开始就没有发挥应有的作用。像英国这种把汇率定得过高的国家，一直处于国际收支逆差的状态，大量的黄金储备流向国外，当局被迫维持高利率，进一步抑制了国内的经济活动。政策制定者在政治上处于不安的状态，"牺牲国内经济，使国家成为金本位制圣坛上的祭品"。像法国这种把汇率定得偏低的国家，享受着持续的贸易顺差和黄金的流入，政策制定者没有任何压力采取措施改变这种趋势。随着货币供应的紧缩，通货紧缩进一步加剧，金本位制开始崩溃。澳大利亚、新西兰、加拿大和拉丁美洲一些国家的黄金大量外流，这些国家颁布了几乎禁止黄金出口的政策，从事实上终结了金本位制。

第6章 "大萧条"与"金本位制"因缘际会
伯南克的敬畏有迹可循

金本位制的最终瓦解始于1931年奥地利安斯塔特信用社（Credit – Anstalt）的破产。1855年，罗斯柴尔德家族（Rothschilds）创办了安斯塔特信用社，是当时奥地利规模最大的银行。1929年，安斯塔特信用社兼并了陷入经营困境的安斯塔特博登信用社。安斯塔特信用社比其他所有奥地利商业银行加起来的规模还要大，其资产负债表的规模超过了奥地利政府的总预算。经济衰退削弱了规模庞大的安斯塔特信用社。1929年5月，信用社的经营状况被公开，信用社最终破产。安斯塔特信用社有匈牙利最大银行的控股权，恐慌很快蔓延到匈牙利。由于担心安斯塔特信用社的偿付能力，大量资金从布达佩斯的银行抽离，许多银行倒闭。随后，危机扩散到了德国。由于安斯塔特信用社与一家大型纺织公司的破产，德国最大的银行之一达纳特银行于7月破产。达纳特银行破产后，惊慌的债权人把资金从德国的银行抽离，甚至把资金撤出了德国。为了阻止黄金外流，德国政府7月实行了外汇管制，禁止黄金出口，有效中止了金本位制。1929年10月，奥地利也实行了外汇管制。

压力快速传到伦敦。英国还没有中止金本位制，伦敦的债券人能够提取黄金。相比之下，欧洲有大约7 000万英镑的资产被冻结。这导致了英国黄金的净流出，英格兰银行的黄金储备大幅减少。为了阻止黄金流出，英格兰银行在7月底的最后几天两次提高了银行利率，并于8月1日从纽约联邦储备银行和法兰西银行获得了总额2.5亿美元的贷款，以此填补越来越大的黄金储备缺口。但到了这个时候，黄金外流的趋势已难以抵挡。9月21日，英国官方宣布终止金本位制。不久，包括北欧国家和日本在内的一些国家也放弃了金本位制。11月，英镑在国际市场的价值已经下跌了30%，仅3.37美元。诺曼的精神彻底崩溃，向银行申请休长假。

金本位制的终结使政策制定者松了口气。终止金本位制的英格兰银行和其他国家的央行终于摆脱了它们的"黄金枷锁",能自由地实施扩张性的货币政策。金本位制的结束导致货币贬值,有助于增加出口,降低国内利率,刺激投资。当时,紧抱住黄金不放的国家,包括美国(1933年结束)、比利时(1935年结束)、法国(1936年结束)和荷兰(1936年结束)等,经济状况依然不断恶化。直到这些国家放弃金本位制,经济状况才稍有改善。较早结束金本位制、货币大幅贬值的国家,其工业复苏态势更加强劲,出口量增长更多,厂房与设备投资增长,更不容易受银行不稳定的影响。

对一个还未完全走出战争创伤的世界来说,金本位制的想法十分诱人。金本位制为英国描绘出一个政治、军事与经济统治地位的虚假未来,英国难以抗拒这种诱惑。金本位制的概念甚至比现实更加吸引人。两次世界大战期间的金本位制导致汇率失调,黄金储备不足且分布不均,各国央行在放弃金本位制还是以牺牲国内经济繁荣为代价的选择中进退两难。

少数学者认为,金本位制"导致"了"大萧条"。他们指出,金本位制在传播与扩大金融危机的国际影响上起到了关键作用,还使政策制定者更难找到应对"大萧条"的方法。更早结束金本位制的国家更具有出口竞争力。这些国家更好地实行扩张性货币政策,恢复了国内投资与工业生产,更快地从"大萧条"中恢复过来。

英国并不是"一战"后第一个回归金本位制的国家,但英国在"一战"前金本位制世界中有着非常重要的地位,它的回归使其他国家认为重建金本位制的时机已经到来。普遍回归金本位制在传播并加剧"大萧条"方面起到了重要作用,也阻碍了政策制定者采取措施应对经济衰退。

英国决定回归金本位制主要出于意识形态的原因。英国采取金本位制的时间比任何其他国家都要长,所以在英国眼中,回归金本位制不是某种实验,而是回归常态。此外,金本位制曾是 19 世纪英国金融、经济、军事统治地位的代名词,重建金本位制令他们看到了重回繁荣岁月的希望。回归金本位制还得到了伦敦强大金融业的支持。尽管凯恩斯和其他一些学者提出了许多反对金本位制的理由,但意识形态最终赢得了胜利。

即便政策制定者相信回归金本位制并不是个好主意,金本位制所具有意识形态方面的吸引力也可能使其变为现实。诺曼也看清了这一点,他在写给另一位央行行长的信中写道:

> 是的,我犯了错误。现在我被指控重建了金本位制。这可能是个错误。但如果重来一次,我可能还会这么做。事后我们总是容易看得更加清楚,但当时所发生的事情可能并不必要,却是政策所需。结局或许可能不同。

结局可能不同。但英国在情感与意识形态上对金本位制的坚持,必然注定这是唯一可能的结局。

● 谁为高额关税买单？

> **WRONG** Nine Economic Policy Disasters and What We Can Learn from Them

第7章 WRONG

谁为高额关税买单？
贸易自由只存在于教科书

一群贪婪至极的纸牌政客，堂而皇之地提高关税，竟然宣称可以让工人避免沦为"廉价的外国劳工"。经济学鼻祖斯密仗义执言，关税会损害国内消费者。谁为高额关税买单？他们究竟要做政客的待宰羔羊，还是应该做经济学家的忠实信徒？

WRONG
Nine Economic Policy Disasters and
What We Can Learn from Them

美国关税的历史是一个故事，它把令人怀疑的经济政策转变成了一场伟大政治成功的故事。

——E.E. 沙特施奈德

如果世上有一本经济学家的圣经，那么其中必有"我理解比较利益原理"与"我提倡自由贸易"这样的话语。

——保罗·克鲁格曼

◆ 贸易保护主义造成了"大萧条"时期国际贸易的崩溃，使原本相当严重的经济危机进一步加重。

很少有经济学原则像自由贸易原则那样屹立不倒，也没有哪条原则在如此长的时间里被忽视。

遵循自由贸易原则的国家允许商品和服务跨过它们的国境，并为这种交流设置尽可能少的障碍。关税是自由贸易最基本的障碍，提高了进口商品的价格，降低了境内居民的购买积极性，但这绝不是唯一的障碍。限额，对进口商品设置数量上的限制；补贴，给予出口厂商现金补贴或税收优惠，鼓励他们把本国的商品销往海外。这两种政策都违反了自由贸易原则。试图阻碍商品与服务自由流通的政策统称为"贸易保护政策"。

长期以来，经济学家都偏爱自由贸易，但过去300年的大部分时间里，关税、限额、补贴及其他自由贸易的障碍随处可见。反贸易保护主义倾向的著名案例出现在"一战"前的半个世纪，以及"二战"结束后的几年，贸易壁垒持续降低是这两个贸易自由化阶段的共同特征。在这期间，贸易保护风起云涌。在两次世界大战之间，各工业化国家都如此严肃与普遍地采用贸易保护措施，几乎看上去像工业化国家正在相互竞争，看谁可以为跨国贸易设置最严格的障碍。这场贸易战导致了"大萧条"期间国际贸易的崩溃。1930年,美国的《斯姆特－霍利关税法案》是这场战争中响起的第一枪,带来了非常严重的后果。

各国一直反对设置贸易壁垒。贸易保护主义的支持者通常认为,为了应对外国"不公平"竞争,国家应采取措施保护国内产业。根据当时的实际情况,工业化国家常常表示,为了让工人免于沦为"廉价的外国劳工",有必要实行贸易保护措施。这一主张推论,如果外国工人所得的报酬低于国内工人,那么他们生产的产品会比国内同类的商品更便宜。如果没有提高进口商品价格的贸易壁垒,消费者会更愿意购买便宜的进口商品,而不会选择高价的国内商品。这样国内的商品制造商会关门大吉,工人也会丢掉工作。关税和其他贸易壁垒提高了进口商品的价格,使国内公司能与低成本的外国商品进行竞争,以降低进口商品的销售量来提高国内商品的销售量。贸易壁垒有助于保护国内商品生产者和他们的员工,但国家往往消除贸易壁垒,这种利益建立在国内消费者蒙受损失的基础之上。国内消费者为进口商品和竞争的国内商品都支付了更高的价格。

亚当·斯密是自由贸易最早的提倡者之一。他在《国富论》中提出,关税为国内商品制造商提供了一种垄断权,损害了国内的消费者。

> 从某种程度上来说,不论是特殊的艺术行业还是制造业,将国内市场的垄断权授予国内的制造企业,都给个人下达一条指示,他们是以某种方式雇用国家的资本家,几乎所有的监管都会无用,或造成损害。如果国内商品的价格下降到与国外的一样便宜,这种监管显然无用了。如果无法下调价格,这种监管必然会产生损害。

换句话说，如果我们企业生产的商品比进口商品的价格更低，关税是不必要的。如果我们要收取关税来保护国内制造企业，这些关税政策会伤害到消费者。斯密进一步指出，不同技能的工人进行分工，类似于不同国家制造企业进行分工：

> 裁缝不会试图给自己做鞋子，而会从制鞋匠手中购买。制鞋匠不会试图给自己做衣服，而会雇用一位裁缝来给他制作。农民既不会试图给自己做鞋子，也不会给自己做衣服，他会雇用裁缝和制鞋匠为他制作。所有人发现，整个产业对他们而言是有利的。与他们的邻居相比，他们总有一些优势，他们用自己制造的一部分产品从别人那里交换其他产品。或者，用等同于自己所制造的一部分产品价值的货币来购买他们所需要的其他商品……如果另一个国家可以为我们提供一种商品，这种商品比我们制造的同等商品的价格要低，那么我们最好用自己制造、与别国相比具有比较优势的产品进行交换。

斯密认为，如果一个产业生产效率高，产业在没有关税的情况下会繁荣兴旺；如果一个产业的生产效率低，政府不应该支持它的发展。他的继任者总结道，贸易让所有自愿参与其中的人获益，与参与者的经济状况无关。经济学家所谓的"比较优势"（Comparative Advantage）由罗伯特·托伦斯在《关于玉米对外贸易的论文》（*An Essay on the External Corn Trade*，1815）中提出，然后由大卫·李嘉图在《政治经济学与赋税原理》中正式形成。根据比较优势理论，两个国家总能从贸易中获利，即便一个国家在所有的生产领域都比另一个国家更高效。

一本经济学教科书中用例子阐明了这个基本原理。试想两兄弟，米尔顿和保罗。米尔顿是一位大学新生，他需要写一份经济系期末论文的作业，保罗是他的 14 岁的弟弟。毫无疑问，米尔顿比保罗更擅长于经济学研究，而不仅仅是更精通于文字处理。用经济学术语来说，米尔顿在这两种活动方面都有"绝对优势"（Absolute Advantage）。然而，米尔顿依然能从与保罗的交易中获益，自己集中精力进行研究，并雇用保罗打印论文。保罗在打字方面有"比较优势"。让保罗打字所花的成本，远远低于让米尔顿用研究经济学的时间来打字的沉没成本。比较优势的一个重要影响在于，降低关税有利于增加贸易，使交易双方受益，即便一方的所有产品都具有绝对优势。

"幼稚产业"多久成熟？

从亚当·斯密以来，完全自由贸易的理论优势已在诸多方面受到了挑战。在反对自由贸易的理由中，最古老的观点莫过于"幼稚产业"（Infant Industry，指某一产业处于发展初期，基础和竞争力薄弱，但经适度保护能发展成为具有潜在比较优势的产业。——译者注）。理论指出，对于新创立的小公司，政府应暂时给予保护，使其在起步阶段能与较大规模、更成熟的国外公司进行竞争。例如，美国早期的纺织企业规模较小，生产效率低，成本较高，完全不能与英国的同类企业竞争。如果美国政府对英国的商品征收关税，美国的企业能得到暂时的保护，在数量、经验与效率方面快速成长，直到能够与英国的企业开展公平竞争。美国第一任财政部长亚历山大·汉密尔顿在《关于制造业的报告》（*Report on Manufactures*，1791）中首次提出了这个观点。

另一个反对完全自由贸易的论点是,关税有助于保护一个国家的"经济(或军事)的战略性"产业,避免和外国进行竞争。这种观点常常出现在汽车、钢铁与航空产业的保护政策中。一个更加现代的观点是,只有当国际市场处于完全竞争条件下时,自由贸易才对各方有益。例如,如果市场存在一家主导企业(Dominant Firm,在寡头垄断的行业中,主导厂商制定价格,允许行业中的小企业在此价格下销售它们想出售的全部数量的商品。——译者注),关税实际上可能会使经济福利增长。

上述自由贸易理论的例外情况也有各自的问题。幼稚产业需要多长时间才能变成熟,并在不受保护的情况下生存下来?一旦幼稚产业享受了贸易保护的好处,它会产生强烈的动机来游说政府维持保护政策。即便产业已经成熟,同样会如此。哪些产业是战略性的,值得保护?谁来做决定?因为关税通过政治进程制定,表现较好的产业与区域比表现糟糕的产业与区域更可能获得保护,而不是取决于实际上战略的重要性或产业基础的成熟度。尽管自由贸易面对许多智力上的挑战,但经济学家(非公众和政治家)依然坚定地支持自由贸易。根据 2006 年公布的一项对 210 名经济学家的调查,87.5%的经济学家压倒性地支持取消现存的美国关税以及其他影响自由贸易的障碍。

几乎所有的欧洲国家都经历过中世纪的高关税时期。关税壁垒不仅仅限于国界,政治上联合的国家也相互征收关税。英格兰和苏格兰从 1603 年起就处于同一个国王的管辖之下,但 100 年后才实现关税同盟(换句话说,自由贸易)。法国由同一个国王管理,但法国大革命前被 1 600 种内部收费与关税分开。德国由许多小的国家合并而成,在 1834 年德意志联邦关税同盟(Zollverein)建立前被 1 800 种关税分开边界。普鲁士一国大致相当于美国亚利桑那州或新墨西哥州的面积,但它涵盖了近

2 800 种商品的 60 种内部关税。在美因河与莱茵河交汇处,一艘从美因茨运货到班贝格的船,全程约 170 英里(1 英里 ≈1.61 千米)得支付 30 多种独立的费用,平均每隔 5~6 英里缴费一次。

在 18 世纪的最后阶段,欧洲各国相继失去了北美殖民地,法属加拿大、美国 13 个殖民地先后独立,对殖民国家的贸易模式造成了重大破坏。英国的出口额在美国独立战争后下降了 20%,英国与欧洲西北部的贸易翻了一番,这促使英国寻求与其他欧洲国家签订双边贸易条约。除了与法国在 1783 年签订的一份持续时间很短的协议外,"英国在贸易谈判方面表现了空前的意愿,但谈判的彻底失败说明了一切。1785~1793 年,英国与葡萄牙、西班牙、波兰、爱尔兰、普鲁士以及欧洲其他几个重要的贸易伙伴之间没完没了地谈判,却没能达成任何协议。"法国大革命与拿破仑战争阻止了 19 世纪初期任何贸易自由化方面取得实质性进展。19 世纪三四十年代,英国在双边谈判降低关税方面的进一步尝试也以失败告终。

削减关税之路,利益纷争

贸易自由化最早的重大突破之一是英国废除了《谷物法》。17 世纪以来,《谷物法》规定了英国谷物的进出口,"谷物任何时候都不能贵到让穷人难以生存,也不能便宜到农民无法依靠种植谷物生活"。在拿破仑战争期间,谷物的价格一直处于较高的水平,战争结束后急剧下降。为了应对价格下跌,议会在 1815 年通过了《谷物法》,规定谷物价格超过一定价格后允许免关税进口谷物,价格下降后重新禁止谷物的进口。随后,1828 年通过的一项法案决定对谷物按比例征收关税,1842 年对比例进一步地完善。通过阻止便宜的谷物进口，《谷物法》使拥有土地的贵族获益。这些贵族既从自己的农业生产活动获得收益，也从他们从事农业生产活动的佃户那里收取地租。

1846 年，英国首相罗伯特·皮尔创建的保守党政府废除了《谷物法》。保守党最强大的支持者来自地主阶级，许多地主反对废除《谷物法》。然而，几个关键因素强化了废除该法的呼声。1811～1841 年，英国的人口几乎增长了 50%，这种增长大幅提高了国内农业生产的需求，食物的价格上涨。越来越重要的出口部门，特别是棉纺织业，纷纷支持自由贸易。因为制造商抱怨对农场主提供的保护，他们的工人为食物支付了较高价格。19 世纪 30 年代中期，英国遭遇了经济衰退，高昂的食物价格以及高失业率促成了英国首个全国性的政治压力集团反谷物法同盟（Anti – Corn Law League）。1846 年，爱尔兰发生了饥荒，这使皮尔首相对价格低廉的外国谷物的印象更加深刻。

《谷物法》的废除有一个引人注目的地方，它是完全单边的，而且没有与任何其他国家商定降低关税。但是，试图达成互惠性协议的努力失败了。正如皮尔首相于 1846 年 1 月 27 日在议会上阐述的那样：

> 我们长年来试图与其他国家签订令人满意的商业条约，只是徒劳无功的努力，已经令人厌倦。最终，我们下定决心考虑自身的利益，不通过对从他国进口的产品与制成品征收高额关税，来惩罚那些国家对我们做错了的事情。我们自己继续承受高关税。

有些国家在《谷物法》废除之后降低了关税，但行动并未蔓延开。

第二个推动自由贸易的关键事件，是1860年的《英法商业条约》，也称《柯布登条约》签订，降低了双方的关税。这项条约由拿破仑三世贯彻实施。从某种程度上来说，法国干预了意大利与奥地利之间的战争，在欧洲内部处于孤立的处境。拿破仑不需要立法来批准条约，他规避了国会的贸易保护主义情绪。《柯布登条约》包括一个重要的条款——"最惠国待遇"。条款规定，如果缔约双方的任何一方对第三国降低关税，那么另一方也将享受相同待遇。尽管英国已单方面进一步削减关税，但法国的"最惠国待遇"条款只适用于英国。因此，许多其他欧洲国家试图与法国签订条约，使它们的出口商品像英国一样占据有利地位。随后，法国在1861年和比利时签订了条约，在1862年与德意志关税同盟（German Zollverein）签订条约，在1863年与意大利签订条约，在1864年与瑞士签订条约，在1865年与瑞典、挪威、汉萨同盟城市、西班牙以及荷兰签订条约，在1866年与奥地利签订条约，在1867年与葡萄牙签订条约。

在深入探讨之前，我们需要解释一下，为什么难以准确描述什么是高关税？经济学家常常这样计算，将所有关税收入加总，然后除以进口商品的总价值，得出该国的平均关税率。如果美国政府对每100美元进口商品收取5美元关税，平均关税率的估计值是5%。平均关税率提供了实用的指导，我们会经常使用这个指标，但也可能掩盖一些关税制度的重要特征。平均关税率是一个简单平均数，不能体现单个商品的关税率。一般而言，关税制度包含多种类型的进口商品，每一种类别的关税率可能各不相同。例如，5美元的关税收入可能来源于对所有进口商品征收5%关税，也可能对95%的进口商品不征收关税，但对剩下的5%的进口商品征收100%的关税。此外，平均关税率没有考虑非关税壁垒。

如果美国对极少数其允许进口的商品收取非常低（或者不收取）的关税，禁止进口其中大部分商品，或对进口商品征收非常高额的关税（商品进口几乎停止），那么平均关税率只是看上去很低。进口商品大多数由低关税的商品组成，但这种贸易体制是高水平的保护。

解释关税税率更加复杂。关税实际上通过两种不同的方式征收，有些关税采取从价征收原则，根据进口商品价值的一定比例征收。其他关税采取从量征收原则，根据进口商品的数量来征收一定金额的关税，例如每吨商品征收 20 美分。从量征收意味着，平均关税率主要取决于被征收商品的价格。这些商品的价格变化可能会戏剧性地影响关税税率。例如，政府对一种 1 吨价值 1 美元的商品征收 0.2 美元，商品的关税税率是 20%；如果商品的价格降到 0.5 美元，政府同样征收 0.2 美元，那么关税税率会上升到 40%。

征收关税不仅能保护国内商品制造商，也提高了政府收入。19 世纪，关税实际上是一国政府最大的收入来源，从来没有一个国家持续地降低关税，或仔细考量完全取消关税。所有贸易（除了走私）都是在海关检查员的小心注视之下从港口进入的。关税是政府提高收入的一种相对高效的方法，比销售税和所得税相对容易。欧洲自由贸易程度最高的英国，也从 1880 年开始对进口商品征收约 5%的关税。法国和德国从 1865 年开始设定了类似的低关税，19 世纪七八十年代一定程度上提高了关税税率（平衡财政预算），20 世纪初下降到接近英国的关税水平。尽管存在政府为了增加收入而提高关税的现象，准确描绘关税制度的特性仍过于复杂。我们依然可以说，欧洲 19 世纪后半叶的关税持续下降。平均来说，欧洲 1913 年的关税要比 1850 年之前的更低。

变脸：美国的贸易保护

与欧洲的主要大国相比，"一战"前50年里，美国一直维持着较高的平均关税率，常常在20%~40%变动。美国建国初期，关税制度还没有形成统一的贸易保护主义。在汉密尔顿的《制造业报告》(*Report on Manufactures*) 中，他建议征收适度的关税。从一定程度上说，这种方法被采纳了。

然而，即便没有高额关税，欧洲到美国的高运输成本也使欧洲的进口商承担了类似于关税的成本，为美国的商品制造商提供了一些保护。拿破仑战争期间，特别是1812年，美国进口商品的数量增多，支持加强贸易保护的政治情绪高涨，关税随之提高。《美国关税法》于1816年开始立法，1824年通过了该法案，主要目的是保护国内商品制造商。

19世纪美国的关税政策常具有党派性，几乎总是同一种地区性问题。美国南部大量出口原材料，尤其是棉花，其工业化程度没有北部强，南部人十分担心关税。如果外国提高了美国的关税，以此应对美国关税的提高，那么南部的出口商品首当其冲会受到影响。因为南部要么从外国进口制成品，要么从北部购买，更高的关税会提高这两个来源地商品的价格。

1828年的《关税法案》比1824年的贸易保护程度还强，南方人愤怒了，他们把这份法案称为"可恶的关税法案"。1828年《关税法案》导致了1833年的无效危机（Nullification Crisis）。南卡罗来纳州宣布：1828年《关税法案》与随后的1832年《联邦税收法案》违反宪法，不予执行。

这一措施降低了关税，安抚了南方人。南卡罗来纳州与联邦政府之间的斗争没有真正开始，但潜在的暴力对抗已经形成。无效危机反映了南卡罗来纳州的普遍不满，这可能一定程度上解释了，为什么南卡罗来纳州是美国南北战争前第一个脱离联邦的州。

关税遵循"Z"型发展。从1832年到南北战争爆发期间，辉格党统治时期关税上升，民主党统治时期关税下降。联邦政府在内战期间大幅提高了税收和关税，也设计了多种筹集资金的新方法。

1861年夏天，国会提高了进口关税。1861年冬天，国会再一次提高了关税。直到1865年内战结束，"实际上，没有哪次会议，甚至哪个月的会议，没有提高进口关税"。1865年，关税已比前30年任何时间都要高。19世纪70年代，关税从战时的关税高点有所下降。接下来的50年里，关税的升降遵循着明显的党派模式。在南部人主导的民主党人的统治下，1894年的《威尔逊－戈曼关税法案》和1913年的《安德伍德－西蒙斯关税法案》降低了关税；在北方共和党人统治期间，1883年的《关税法》、1890年的《麦金莱关税法案》、1897年的《丁利关税法》以及1909年的《佩恩－阿尔德瑞奇法案》提高了关税。

"一战"后，大西洋两岸的关税显著提高。理由包括保护战时发展的新兴产业，保护奥匈帝国分裂而出现的新国家，阻止货币大幅贬值国家的出口快速增长。更进一步地，强加于德国的巨额赔款及协约国大量内部债务，刺激着各个国家寻找方法（包括贸易保护），实现用于偿还债务的贸易顺差。

1915年，英国颁布了战时提高关税的措施，对一些商品征收33%的关税。"一战"后，英国的1919年《重点行业法案》和1921年《产业保护法案》对更多商品征收高额关税。1918年，法国的最低关税税率从5%提高到20%，最高关税税率从10%提高到40%。《凡尔赛条约》要求德国给予协约国5年最惠国待遇。条约一到期，德国马上提高了关税。

"一战"期间，美国国会没有通过任何重要的关税法案，平均关税率在1914~1920年不断下降。原因是战时通货膨胀和多种关税按照从量税进行征收。战时进口商品的价格上涨，每种商品的关税是确定的，平均关税率下降。1920年，共和党人重新获得政权。"一战"期间繁荣的工商业结束，农产品价格下降，农民也急于寻求关税保护。1921年，临时的《紧急关税法案》颁布。1922年，《佛德尼－马克昆柏关税法案》颁布。由于更高的关税税率，加上1920~1921年急剧的通货紧缩，平均关税率增长超过了1倍，从约6.5%上涨到约15%。

关税的上涨，特别是《佛德尼－马克昆柏关税法案》让其他国家难以接受，各国之间产生了抗议与反击。有的国家想进行关税休战谈判。1925~1929年，26个欧洲国家共进行了33次普通修订和大量的关税修改，拉丁美洲进行了17次普通修订和关税修改。1926年8月，保加利亚与前捷克斯洛伐克对《佛德尼－马克昆柏关税法案》提出了抗议：如果美国不降低关税，它们将会反击。法国受到了《佛德尼－马克昆柏关税法案》与禁止葡萄酒进口的1919年《沃尔斯特德禁酒法案》（*Prohibition's Volstead Act*）的严重打击。1927年4月，法国提高了进口关税，尤其针对美国的汽车，但也表示不排除与美国达成和解。5月，西班牙宣布，对美国进口商品的关税上涨40%。多届世界经济会议（World Economic Conference）都强调降低关税，但收效甚微。经济会议举行的地区包括：1920年，布鲁塞尔；1921年，玫瑰港；1922年，热那亚；1927年，日内瓦。

第7章 谁为高额关税买单？
贸易自由只存在于教科书

烟雾缭绕的密室政治缩影

在1928年竞选期间，共和党总统候选人赫伯特·胡佛承诺，提高农产品的关税，给农民提供支持。在1920～1921年戏剧性的下跌之后，农产品的价格从1925年起开始上升，但在1926～1927年略有下降。农产品的价格在20世纪20年代前5年有所恢复，但落后于20年代的工业消费品的整体价格涨幅。假如在1929年和1919年种植收获相同的玉米产量，农民销售玉米所得的现金所能购买的制成品比以前的更少。胡佛的竞选强调了农产品关税，共和党承诺更加广泛地提高关税。在总统就职的6周后，胡佛召集国会召开特殊会议，探讨关税法案。这场会议持续了14个月，公众听证会的记录长达20 000页，最终的法案包括一份20 000多种商品的税率表。

1930年，《斯姆特－霍利关税法案》（*Smoot － Hawley*）以提案人的名字命名，在6月13日参议院上以44∶42票通过，在6月14日议会上以247∶177票通过，获得共和党压倒性的支持。1930年6月17日，胡佛签署该法案。严格来说，这项法案应被称为"霍利－斯姆特"。美国宪法规定，税收法案必须出自众议院，主要的提案人是俄勒冈州的众议员威利斯·C.霍利（Willis C. Hawley）。人们更为熟知的名字是"斯姆特－霍利"，因为要突出霍利的参议院共同提案人犹他州的参议员里德·斯姆特（Reed Smoot），所以叫《斯姆特－霍利关税法案》。该法案将商品的关税提高了6%～15%，平均关税率从1929年的约13.5%上升到约20%，部分原因是价格下降和采取从量征收的方式。这次关税的变动幅度很大，但这种情况不是没有先例。1922年,《佛德尼－马克昆柏关税法案》提高了关税。1913年,《安

德伍德-西蒙斯关税法案》降低了关税，降幅更大。

为什么《斯姆特-霍利关税法案》能够通过？在早期一场关税法案的综合研究中，E.E.沙特施奈德（E.E.Schattschneider）表示，立法保护国内产业的模式，是诸多农业与工业特殊利益集团密集游说的结果。他把政治力量赞同提高关税归因于，任何关税所带来的利益通常集中到一个行业，成本却由整个经济承担。更简洁明了的说法是"利益集中，成本被分摊了"。其他人把《斯姆特-霍利关税法案》描述成党派政治的结果，也是1928年总统大选中共和党获胜的必然结果。也有一些人表示，这项关税法案是北部农民和轻工业从业者合作的结果，两者都从这项关税法案中获益。一个关于这项法案在参议院的点名投票表明，经济利益激励着参议员支持这项法律。进一步的证据显示，部分原因是"滚木立法"（Log-Rolling，政客间相互支持或互投赞成票的议案。——译者注），或者"投票交易"，即参议员A为参议员B所代表的选民投出支持关税保护的票；反过来，参议员B为参议员A所代表的选民投出支持关税保护的票。

一切都在意料之中，经济学家反对这项法案。5月17日，一份179所大学的1 028名经济学教授联名签署的请愿书被寄送到了华盛顿。请愿书恳求国会投票否决这项法案；如果这项法案通过了，恳求胡佛否决它。学术界没有对国会和总统产生丝毫影响。加州共和党参议员塞缪尔·肖特布里奇（Samuel Shortbridge）称，他"从来没有被这些从没流着汗水挣过一块钱的大学教授的宣言震慑住，也完全没有感到烦恼。"值得一提的是，肖特布里奇也不是靠挥洒汗水赚钱生活，他承认自己20岁就取得了律师资格，在当选为参议员之前一直是位律师。

《斯姆特-霍利关税法案》一经颁布，就几乎被视为一种靠不住的政策选择。因为这份法案颁布于世界经济正走向最灾难性的经济衰退的时候。随着工业化世界的贸易崩溃，《斯姆特－霍利关税法案》永远与"大萧条"联系在了一起。国际联盟把这份法案视为关税战的第一枪。当时，一位观察家说道，"正如很多学者指出的那样，世界经济'大萧条'与《斯姆特－霍利关税法案》密不可分，后者只是世界经济萧条的第一个表现，也是世界经济萧条的深化与加剧的主要原因之一"。甚至不认同《斯姆特－霍利关税法案》是"大萧条"出现或传播主要原因的人，也认同历史上刺耳的评价，指出这份法案"位列20世纪最声名狼藉的国会立法"。其他现代的观察家则更进一步，"除去《逃奴法案》，1930年的《斯姆特－霍利关税法案》是美国历史上最声名狼藉的国会立法"。

《斯姆特－霍利关税法案》导致了"大萧条"吗？并不是。《斯姆特－霍利关税法案》的关税上涨幅度，实质上要比《佛德尼－马克昆柏关税法案》的关税上涨幅度小。"一战"后，《佛德尼－马克昆柏关税法案》颁布于繁荣的20年代，紧跟着一段长达7年的经济繁荣期。一些现代学术权威坚持认为《斯姆特－霍利关税法案》对美国的贸易与经济总量产生了巨大的影响，但学界的共识是，法案让"大萧条"变得更糟，不过对美国经济的直接影响不大。这并不是说，《斯姆特－霍利关税法案》在任何角度上都是明智或进步的政策，也不是说没有对美国经济和国际贸易的长期健康发展产生负面影响。这份法案被相当准确地描述为"没必要的"以及"无用的"。《斯姆特－霍利关税法案》在实现胡佛总统提高农产品价格的目标方面非常失败。法案刚通过时，美国农产品的净出口额已经很大，设置农产品进口关税给农民带来的利益相当微小。另外，《斯姆特－霍利关税法案》是"烟雾缭绕的密室政治"（几个政坛大佬私下进行政治决策的现象，一般见于国家元首的商定。——

译者注）的缩影。国会议员的记录显示，20 000项商品的关税计划，主要出于私人利益而设计，鲜有顾及公共利益。

《斯姆特－霍利关税法案》造成了"大萧条"时期国际贸易的崩溃，使原本相当严重的经济危机进一步加剧。根据国际联盟统计的数据，1929～1933年，75个国家的进口总额下降了66%。从某种程度上说，这种下降主要出于收入的下降和随之而来商品进口需求的下降。其实，这种进口额的下降很大程度上归因于许多国家采取的贸易与汇率政策，即把国内消费从进口商品引向国内商品。在这些政策中，许多可以被明确地视为针对《斯姆特－霍利关税法案》而采取的报复性行为。根据国际联盟的记录，《斯姆特－霍利关税法案》"是其他国家制定关税的行为激增的标志，至少部分是报复行为。加拿大、古巴、墨西哥、法国、意大利与西班牙，几乎马上进一步提高了关税"。

几个国家尝试了严肃认真的游说，努力阻止颁布《斯姆特－霍利关税法案》。许多国家对美国通过这份法案的行为感到愤怒，几个国家还施行了报复性行为。西班牙收回了美国进口商品的最惠国待遇，意大利的法西斯政府阻挠市民购买美国商品，瑞士抵制美国的商品。英国回归贸易保护主义的状态，对英属国家给予贸易优惠，对其他国家则提高关税，其中包括美国。

加拿大，美国最大的贸易伙伴，迅速给予报复。加拿大总理麦肯齐·金期待着，美国在提高关税的同时会给予加拿大的商品特殊待遇，他在1929年2月还在考虑下调加拿大的关税。1929年9月，他在日记中写道："如果美国人对我们提高关税，我赞成对他们以牙还牙。"这可能对《斯姆特－霍利关税法案》的国会谈判产生影响，但对加拿大的选举没有产生帮助。在胡佛签署《斯姆特－霍利关税法案》的1周前，进步保守党领导人理查德·班尼特在魁北克参与竞选活动时就阐述了反击的想法，似乎比自由党的麦肯齐·金更像一位贸易保护主义者。

> 如今，到底有多少美国人正依赖加拿大的钱生存？他们有工作，我们有施粥场……我不会请求任何国家购买我们的产品。我将与美国打关税之战。我将用这些钱爆破出一条通往那些已然关闭市场的道路。

多年来，《斯姆特－霍利关税法案》一直被指控为是引发"大萧条"的一个重要原因。现代经济学理论认为，《斯姆特－霍利关税法案》确实在世界经济倾向于扩大贸易时促使世界贸易大幅下降，但法案对美国经济的净效应是微不足道的。有些学者认为，《斯姆特－霍利关税法案》可能对美国经济产生了一些积极影响。这份法案没有导致"大萧条"，但确实产生了严重的影响。

世界贸易在"大萧条"期间下降，而且当世界贸易开始复苏的时候，关税谈判是以一种分散的方式进行，重启的贸易主要在贸易集团和地区内部，而非国与国之间。各个国家花费了近20年才修复了《斯姆特－霍利关税法案》对国际贸易的伤害。

WTO 早已形同虚设？

政策制定者们是否已经从《斯姆特－霍利关税法案》以及两次世界大战之间的限制性贸易立法中吸取教训？是的。他们迅速吸取了教训，再也没有忘记过。

1932年，富兰克林·德拉诺·罗斯福当选总统，并选出了一个民主党国会，《斯姆特－霍利关税法案》存在的日子屈指可数了。1934年，《互惠贸易协定法》给予总统单方面进行贸易协定谈判的权力，总统可以签署双边条约，最多降低一半的关税。在1937～1940年，《互惠贸易协定法》重新修订。1939年，美国和其他国家签订了20份最惠国待遇条约，占其贸易量的60%。更为开放的贸易体系不仅仅是美国的诉求。"二战"后，关税削减在多边基础上大力推行。1947年，23个成员国签订了《关税及贸易总协定》（GATT）。1994年，世界贸易组织（WTO）代替了《关税及贸易总协定》，成员国有123个。现在，世界贸易组织有159个成员国，平均关税率比过去150年里任何时期都要低。

贸易自由已经取得了巨大的进步，但还有一些棘手的问题。如果一个国家对其国内制造商实行高标准的污染控制，提高了国内生产的成本，那么从周边国家进口同类商品的制造商使用更便宜、更具有污染性的生产方式，是否可以对这些商品征收关税？那些为劳工制定了最高工作环境管理标准的国家可以针对工作环境标准较低的国家收取关税吗？

由于通信技术的进步，服务与产品可以跨国流动。因此，我们通常会认为贸易保护主义情绪来自于制造业，但也可能来自于服务行业。你给信用卡公司打电话，可能中途与世界上某个地方的呼叫中心连接。在一些情况下，电脑程序不需要有人在场就可以高效地完成工作，甚至医疗服务也可以进口。印度的放射科医生不离开印度，也可以依据在美国拍摄的X线扫描图与核磁共振成像扫描图进行诊断，但诊断费比美国要低很多。事实上，我在职业生涯中收到过的唯一一封恐吓信件来自一位放射科医生，原因是我给一位编辑寄了一封信，建议将核磁共振成像扫描图和 X 线扫描图的诊断工作外包给别国，削减国内的医疗成本。除去这些例外以及其他自由贸易的真正挑战，即便在最近的次贷危机和欧元危机过程中，贸易保护主义一直都没有迅速返回到两次世界大战之间的高水平。

《斯姆特－霍利关税法案》是一个重大的政策失误，法案的制定很大程度上是由于意识形态。几十年来，高关税是共和党政治信条的核心部分，而共和党一直以来都在实践中秉持这个信条。因此，《斯姆特－霍利关税法案》是一个很好的例子，一个政党应用其"屡试不爽"的秘诀，在某种意义上依赖的是直觉而非冷静的分析。当然，法案通过也有其他的原因，包括想要将经济福利重新分配给农业与其他行业，想要将衰退经济的一些成本转移到外国的商品生产者身上。然而，这一政策失误的核心在于一种过时的意识形态。

● 日本当局未拉下安灯拉绳

> **WRONG** Nine Economic Policy Disasters and What We Can Learn from Them

第8章 WRONG

日本当局未拉下安灯拉绳
危机中的监管何以睁一只眼？

危机袭来，一条"出于善意"的政令，却成为纵容"僵尸企业"篡改会计规则，持续吸血实体经济的保护伞。股房齐崩，跌幅双超50%，誓将买下全世界的日本房奴被迫撕下繁荣时代的"皇帝新装"，纵然不愿直面余生无期的贷与债，但不做"活死人"，又能如何？

WRONG
Nine Economic Policy Disasters and
What We Can Learn from Them

卡尔文·柯立芝的独特的处理（公共问题）方式只是逃避，正如一个理智的男人避开保险业务员或他妻子的亲戚。

——H.L. 门肯

美国人仿佛昨天还在对日本着迷。日本工业的成功既带来了赞赏也激起了恐惧；走进一家机场的书店，你一定会看到一排排封面上描绘着冉冉升起的太阳以及武士的书籍。一些书籍承诺会教授日本管理秘诀，其他一些书籍预告（或要求）经济福利。不论是榜样还是恶魔，或者两者兼有，日本总是我们关注的重点。现在，所有这一切都消失了。

——保罗·克鲁格曼

◆最重要的因素是，日本政府在不恰当的时机放松金融管制，造成了巨大的资产泡沫。

丰田汽车公司是全球最大的汽车生产商，也是全球最大的制造企业之一。丰田公司不仅规模巨大，而且广受尊重。丰田公司于"二战"后开发的全面生产系统（Total Production System，简称TPS），不仅是一代代商学院学生的必读教材，而且启发了很多其他制造企业。全面生产系统的鲜明特点是注重从错误中学习。当装配流水线工人发现了一个问题，或者一个潜在问题时，公司鼓励他们拉动装配线上的安灯拉绳。拉动安灯拉绳会点亮一块电子标识牌，提醒管理人员留意问题，并启动一个诊断待解决问题的进程。如果问题可以在一分钟内解决，生产会顺畅地继续进行；否则，即便付出高昂的成本，生产进程也会一直被暂停，直到问题得以解决。

遗憾的是，日本当局20世纪90年代没有遵循全面生产系统的原则，而是致力于维持现状。90年代初，日本发生了严重的金融危机，但没有拉动安灯拉绳。政策制定者没有让业绩不佳的银行破产，反而隐藏这个问题，希望银行慢慢消化坏账，继续保持银行在日本金融体系中的强势地位。因此，金融危机进一步恶化，把日本推入了"失去的10年"。这10年中，日本经济增长缓慢，失业率居高不下，金融系统调整举步维艰且代价高昂。

从20世纪90年代到21世纪初,日本呈现出经济增长缓慢、高失业率以及金融体系遭遇重创等特点,与"二战"后迅速崛起的25年形成强烈的反差。1948～1973年,按照生活水平的粗略估计,日本真实的人均GDP(平均每人生产的商品与劳务的数量)平均增长率超过8%。从历史标准看,8%是非常高的增长率。在过去的125年里,工业化国家GDP的平均增长率稍微超过2%。大多数工业化国家经历过经济高速增长的阶段,但没有哪个国家在如此长的时期内保持类似的增长态势。

换句话说,1948～1973年,日本经济的快速发展,日本国民的生活水平大约每9年翻一番。同期,英国、加拿大和美国GDP的年均增长率约为2.5%。按照2.5%的发展速度,这些国家约30年翻一番。此外,日本的失业率低且稳定。众所周知,比较不同国家的失业率不能得出可靠的结论,但日本在20世纪60年代的失业率几乎一直低于1.5%。也就是说,日本的失业率已经处于,或者接近于所有工业化国家的最低值。

1973年,石油危机终结了经济高速增长的"黄金时代",早期工业化世界的发展速度显著放缓,但日本的经济发展速度继续超越其他发达国家。1974～1990年,日本人均GDP增速放缓至3%。相对于8%的增长率,3%的增长率大幅下降,但依然高于加拿大、美国以及大部分西欧经济体2%的增长率。20世纪70年代末,日本的失业率上升到约2%。以工业化国家的标准看,失业率依然很低。

20世纪90年代初期,日本的经济泡沫破裂,进入了长期的经济低迷。20世纪90年代,日本的经济增长率下降到1.2%,还不到1974～1990年经济增长率的一半,并首次低于20世纪50年代以来其他工业化国家的经济增长率。日本的失业率持续升高，在20世纪90年代末达到了5%（"二战"后的记录），并在21世纪初超过了这个数字。

日本财政部护航大银行

在"二战"后的25年里，与大部分发达国家一样，日本严密监管金融体系，刻意保持国内的股票和债券市场不充分发展，限制企业与个人进入国外的证券市场。因此，提供可贷资金的储户与需要贷款的公司不得不选择国内的银行体系。政府把银行体系作为一种产业政策工具，引导国内的储蓄投资于出口导向型产业，推动日本的经济取得了惊人增长。

严密的监管推动日本经济高速增长，不仅为产业发展提供了充足资金，而且让银行有利可图。政府掌控了银行的利润率，存贷利差保持在高位水平，保证了银行的利息收入。利率管制和其他的行政法规限制了银行间的竞争，进一步维持了银行的稳定性与赢利能力。银行体系在"护航制"下运作，金融业的竞争被阻碍了，所有的银行都以近乎相同的速度发展，没有一家破产。在政府的帮助与要求下，陷入困境的银行通常会与健康发展的机构合并。

财政部是日本金融体系的监管部门。这个部门被描述为：

> 日本财政部不仅仅是一个政府机构。它集政治、经济与智慧于一身，与其他发达国家的财政部明显不同。它比其他任何工业化民主国家有更集中的正式与非正式权力。在日本，没有哪个机构的权力比它还大。

新成员到财政部入职的时候,都会被告知财政部至少在公元678年就有了雏形。古代朝廷的主要组成部分包括,为众位神明所设的内神殿,为天皇所设的外神殿以及宝藏库(或大仓)。从这个时期开始,财政部才获得了日本名字——大藏省(Okura sho)。字面意思是,大仓库部门。这是在天与地的神明之后,日本财政部的由来。

财政部的影响十分深远,部分是因为它制定政策,而大多数工业化国家则由不同的部门分开管理。财政部既通过制定财政政策影响宏观经济政策,也通过影响日本银行(Bank of Japan,日本的中央银行)控制货币政策。它不仅有银行、证券和保险业的主要监管权力,还有许多其他重要领域的决定权,如管理皇宫等国有财产,控制烟草专卖等。

财政部与银行部门的关系已经被总结为"个人的……非正式的……不透明的"。日本法律建立了详细的银行法规,但财政部的官员有很大的权限对银行"行政指导"。换句话说,财政部的官员可以"建议"一家银行采取特定行动,包括制定可能不符合最佳利益的商业决策。例如,20世纪90年代初期,日本的股价戏剧性下跌,财政部的官员召集了几家投资银行,并指出低迷的股票市场对整体经济的损害。据说不久后,这些银行就大量购入了日本旗舰企业的股票。

还有一些例子,财政部建议股票经纪人制度,他们不接受特定外国投资者的买入或卖出指示。对于一些业绩不好的银行,他们认为该银行可能是优秀的收购目标。这些建议并不具有法律效力,但不遵循这些建议会产生微妙和直观的后果。例如,财政部掌控着大量的许可与授权,而金融机构需要这些许可与授权来开展业务;财政部并不耻于利用权力报复不遵循行政指导的公司。例如，由于忽视了财政部关于不要进军信托业务的建议，大和银行突然发现，获得新建分支机构的授权变难了。

银行通过它们的联系人与财政部维系良好的关系，这些联系人会与一位相对初级的财政部公务员建立密切的关系，每天与他对应的人物保持接触。下班后，如果没有和财政部的熟人一起吃饭喝酒，这位联系人会随时待命，防止这位官员需要任何信息。这么做既为了维持良好关系，也为了阻止财政部的官员和另一位银行的联系人建立深厚关系。这些信息讨论和信息共享对银行和财政部双方都有益处。银行可以获得信息指引，关于随后需要获得正式同意的计划，例如开设分行，或开发新的产品线；财政部会试探银行界对正在审议中的法规的意见，并为其提供行政指导。对身处日本紧密监管环境中的银行来说，和财政部的接触被视为赶上竞争对手的一种重要方式。

银行把刚从公务员岗位上退休的财政部官员任命为银行高层，进一步加强了自身与财政部的联系。在财政部的"建议"下，财政部的前任官员常常被银行雇用，日语称之为"Amakudari"（官员空降）。银行的管理人员也常常临时分配到财政部，以增强两者之间的联系，日语称之为"Ama – Agari"（升上天空）。财政部与国会的联系更加密切，尤其是执政的自由民主党（Liberal Democratic Party）。财政部的新任官员甚至会迎娶重要党政官员的女儿，这层关系得到进一步的巩固。

银行和财政部的密切关系让金融系统变得更加复杂，特征是监管薄弱和缺乏透明度。财政部的银监局（Banking Bureau）并不是财政部内部最富声望的地方，税收和预算是财政部的政治权力中心。银监局的资源受到了限制，一般比其他工业化国家所能开展的银行审查少。对银行进行审查时，他们倾向于把精力集中于遵守行政法规，而非关注资产和负债结构，但后者与银行的偿付能力与稳定性有更紧密的关系。此外，银行审查从来不会令被审查的银行感到意外。获知检查日期是联系人的核心职责。如果联系人无法获取这类信息，那么联系人的能力就会被质疑。在银行审查期间，银监局通常不会搜集与银行偿付能力相关的信息，而是银行把相关资料提交给财政部。这样的数据后来被发现是不完整的和不准确的。此外，搜集的信息一般不公布，防止储户和投资者从业绩较差的银行转移存款以及出售该银行的股票。

美元和石油的双重打击

20世纪70年代，两个重大事件为接下来日本泡沫经济的繁荣与破灭埋下了伏笔。1971~1973年，布雷顿森林体系崩溃。1973年，欧佩克收回石油定价权。

1944年的7月，西方主要国家派代表在美国新罕布什尔州布雷顿召开会议，签署了一系列协定——《布雷顿森林体系》。协议规定，西方主要国家采用盯住美元的固定汇率，只有在持续的贸易失衡下才能调整汇率。如果一个国家的进口长期大于出口，这意味着货币估值过高。高估的汇率使出口商品的价格对外国人太高，进口商品的价格对国内居民太低。因此，货币将会贬值。如果汇率调整得太频繁，那么重新确定的汇率缺乏可信度，这意味着政策制定者并不能坚持固定汇率。如果各个国家的通货膨胀率悬殊，固定汇率也不可持续。对于通货膨胀率更高的国家，商品的出口价格比其他国家高，贸易逆差形成。各个国家通货膨胀程度的差异，很大程度上是美国在20世纪60年代末高通货膨胀的结果。最终，《布雷顿森林体系》崩溃。各个国家转而支持浮动汇率制度，汇率的波动往往较大。固定汇率体系的崩溃减弱了政策制定者控制通货膨胀的动力。

1973年，赎罪日战争后，欧佩克成员国的石油禁运至少从两个方面加大了通货膨胀。第一，能源是所有经济活动部门的重要生产原料，石油价格从1973年的每桶约2美元大幅增长到1974年的每桶约10美元，这对许多商品和服务的价格产生了戏剧化影响。第二，许多国家为了应对随后的经济衰退而采取的扩张性的财政与货币政策，加剧了通货膨胀。

石油冲击以及《布雷顿森林体系》的终结对日本的影响非常深远。日本有快速发展的工业部门和极少的国内能源供给，上涨的进口石油价格给了日本经济沉重打击。在石油冲击之后，日本1974年的人均实际GDP迎来了"二战"后的首次下降，降幅达2.5%。衰退对政府预算产生了戏剧化的影响：经济衰退减少了政府从公司和个人收缴的税收，扩张性的财政政策使政府支出居高不下。20世纪70年代，日本的预算赤字一直保持在GDP的2%或更低，1975年上升到3.5%，1979年上升到6%。大幅上涨的石油价格，应对经济放缓而采取扩张性的货币政策，使通货膨胀率从20世纪70年代初的5%~6%上升到1974年的23%。

金融自由化无疑是"帮凶"

日本政策制定者的反应是，逐步开放金融市场。面对急速增加的债务，政府放松了债券市场的管制。无论是政府，还是企业，两者都更容易通过发行债券来筹集资金。20世纪70年代末到80年代，政府采取相应措施，逐步开放了其他证券市场，如短期债务、股票和外汇，

这些市场都曾处于政府正式或非正式控制之下。最终，普通家庭获得了选择更多金融产品的机会。

债券自由化为企业开辟了另一条资金来源。企业绕过银行，直接通过发行债券更便宜地筹集资金。对于个人储户的金融选择，管制放松比较缓慢。因此，银行保有大量的储户基础，但想要贷款的人变少了。这鼓励银行扩大对中小企业贷款，尤其是房地产开发企业，并以其房产作抵押。显然，这些中小房地产开发企业不能像大公司一样简单、便宜地在债券市场中借钱。20世纪80年代下半叶，房地产价格暴涨，当时日本银行实行扩张性的货币政策，使价格进一步上涨。20世纪90年代初，房地产和股市轰然崩盘。90年代初期，股价下跌了60%。整个90年代，土地价格下跌了约50%。

理解资产价格下跌后果的最好方法是，想象一份简化的银行资产负债表。这份资产负债表包含银行的全部资产（未偿还的贷款，持有的证券以及现金）以及所有的负债（主要是各种类型的存款）。资产超出负债的部分是银行的资本净值，也称股东权益。在银行资产遭受损失时，这块缓冲区保护储户的利益。因为资本净值发挥非常重要的作用，政府通常要求银行保持全部资产10%的资本净值。

由于房地产价格的下跌，以土地作抵押的房地产开发企业无法偿还它们的贷款。因为地价出现了戏剧化的下跌，银行没收并变卖抵押的土地，也不足以弥补自己的损失。贷款约占日本所有银行资产的50%，只要未偿还贷款的价值下跌20%，基本上就抵消了日本整个银行系统的资本。此外，证券市场低迷，银行在股票市场上再融资基本不可能。简而言之，银行都破产了。因为银行与政府的界限模糊，政府并不完全清楚银行实际上都破产了。

面对爆发的金融危机，政府的反应缓慢得令人痛苦。整整 8 年后，实质性措施才落实到位。这种延迟的结果是，危机持续时间更长、影响更深远以及代价更高昂。相比较而言，20 世纪 30 年代的"大萧条"，各国政府表现出了闪电般的反应速度。1932 年和 1933 年，复兴金融公司（Reconstruction Finance Corporation，美国的政策性金融机构）向银行发放了大量贷款。1933～1935 年，银行改革包括了引入存款保险制度。德国政府购入了大量国有银行的股票。截至 1934 年，德国政府大约持有大型银行 70% 的股权。在意大利和瑞典，危机爆发后，政府很快创建了新的持股公司，把大量的不良资产从银行的资产负债表中剥离出来。20 世纪 90 年代，对于斯堪的纳维亚和其他地方的银行危机，政府的反应甚至更快。在一些情况下，政府在危机爆发后的 10 个月里就成功落实了解决方案。

相较于其他国家迅速果断地处理金融危机，日本政府在 20 世纪 90 年代上半叶的应对方式是否认和忍耐。财政部清楚地意识到银行问题的严重性，动用了所有可能的手段来挽救危局：改变会计规则；允许甚至鼓励秘密的会计实务；干预股票市场。财政部阻止报道任何银行的负面消息，希望房地产和股票市场回暖，然后救援这些银行。《经济学人》杂志总结了财政部的策略：

> 日本财政部的官员为巧妙地掩盖了银行问题而感到自豪。他们支撑着证券价格，隐藏股票市场的疲软。他们阻止坏账披露，遮掩银行系统的弱点。运用这些策略，财政部希望掩盖真正可怕的麻烦，即 1990 年金融泡沫破灭后，困扰日本金融体系的问题。他们认为，时间和经济复苏会治愈一切。泡沫破裂

5年后，经济还没有恢复，银行的危机越来越严重，而那些掩盖手段也越来越难以维持。

20世纪90年代初，政府允许一些小银行破产。对大多数银行而言，"护航制"一直存在。处理问题银行的标准方法是，政府安排陷入困境的银行和经营良好的银行合并，日本央行有时还会为其提供贷款或参股。1994年，日本银行行长三重野康发表讲话："中央银行的职责不是挽救所有的金融机构免于破产。从培育一个健康金融系统的角度看，个别金融机构的破产是必要的。"然而，"护航制"还在继续。偶尔，银行会进行破产清算，并重组成新的机构。但大部分情况下，国家不允许银行破产。

输血"僵尸企业"

银行没有动机承认问题贷款，它们这么做会被迫承认需要额外的资本。财政部也没有给银行施压，让银行独自面对资本短缺的问题。银行没有强制问题借款人还款，或切断贷款，反而继续贷款给这些公司，防止问题公司的破产清算。这不仅没有挽回之前的损失，反而造成了更大的损失。"活死人"或者"僵尸企业"重生的机会渺茫或根本不可能，却依靠银行的持续输血来暂时避免破产清算。最终，债务危机进一步恶化。

公众也没有意识到不良贷款问题的严重程度。令储户和股东失去信心的银行负面信息被隐瞒起来了。直到1992年，财政部才公布了21家大型银行不良贷款的估计数。直到1994年，财政部才公布了小型银行的估计数。在官方的最终评估中，他们依靠的数据是银行自己提交的报告。银行采用灵活定义的会计处理方法，严重地弱化了不良贷款的问题。直到 1998 年 3 月，采用统一标准对各家银行不良贷款进行估算的准确信息才最终得出。

金融体系的不透明尽可能长时间地把公众蒙在了鼓里。直到 1995 年，财政部还公开否认任何一家大型银行处于濒临破产的危险境地，宣布所有存款的全额保障延续到 2001 年。财政部想要隐藏任何负面消息，但 1995 年大和银行的丑闻打破了这一平衡。8 月 8 日，大和银行行长藤田彬与金融监管局局长西村义正共进晚餐。藤田告诉西村，在过去的 11 年里，大和银行纽约支行在未经授权的债券交易上已经损失了 11 亿美元。这次会面到底发生了什么，尚存在一些争论。根据一种说法，西村提议大和银行展开自查，此事就这样成功地搁置了。另一种说法是，根据藤田与西村的通信记录，大和银行要求额外的时间来展开全面的调查，西村同样认为必须如此。不论哪一种，美国的监管部门在此后的 41 天内都没有接到任何通知，而这段时间里未经授权的债券交易依然继续进行。大和银行因掩饰所扮演的角色被处以 3.4 亿美元罚款，并被禁止在美国买卖债券。

20 世纪 90 年代上半叶，政府承担了大量的修复工作。其中，没有任何一项工作实质性地改变了金融体系，或惩罚了银行家、银行股东以及没有保险的储户。例如，随着银行资本被侵蚀，财政部"鼓励"保险公司对银行进行投资（方便管理保险公司），牺牲保险业来扩充银行的资本比率。1992 年，财政部利用 162 家银行的资金池，建立了合作信贷购买公司（Cooperative Credit Purchasing Corporation），旨在将不良贷款从银行资产负债表中剥离出来。一份提案建议确保合作信贷

购买公司的公共资金,但有人抗议偏袒银行的行为,对其他非金融的公司不公平。最终,这份提案被搁置了。合作信贷购买公司并没有发挥特别有效的作用。面对大量的不良贷款,银行恐惧了。合作信贷购买公司只能购买银行贷款,但它购买的贷款数量不多。此外,合作信贷购买公司购买的贷款通常不会卖出,这意味着他们"储存"了贷款,而没有"转化"贷款,而且它们从贷款的销售中获利极少。

从部分管理或缺乏管理的公共政策可以追溯到,政府不愿意使用公共资金救援,特别是20世纪90年代上半叶。相较于直接购买不良贷款或扩充银行资本,政府更倾向于给银行提供税收优惠。这不仅有利于减少援助银行的支出,而且减轻了公众的注意力。例如,银行充分利用合作信贷购买公司的设施会得到一些和它们不动产价值缩水相关的税收优惠。最终,这些努力措施取得了实质性进展。2002年,日本银行系统约33%的"核心"资本,或者说50%的必需资本都以某种税收优惠的形式保留了下来。

政府也采用了另一种方法,即一系列"大爆炸"式的金融体系改革,但几乎不需要为此付出任何费用。"大爆炸"式的金融改革颁布于1996年,在几年内逐步落实。这些措施的目的是,推进金融市场自由化,澄清透明的规则,以及改进会计、监管与法律框架。金融改革的发展蓝图(具体的法律法规后来才被提出和实施)确实建议制定长期的改革计划。然而,在解决当前的问题时,这个改革方案所起到的作用不大。这些改革措施在此时提出,政府可能想把选民的注意力从政府解决短期财政状况上的差劲表现上转移开。

20世纪90年代后半叶,我们明显可以看出,支撑不健全银行的策略是不可行的。1996年11月18日,美联储主席艾伦·格林斯潘发表的讲话与2年前的三重野康惊人的相似。格林斯潘告诉日本银行家联合会:"我们是监督员,我们的目标不是阻止所有的银行破产,而是维持足够审慎的标准,确保已经发生的银行问题不会进一步扩大。"3天后,阪和兴业银行破产。然而,财政部依然继续执行护航行动。例如,1997~1998年,日本债券信用银行和日本长期信用银行重组,并最终国有化。

银行资本不足,怎能健康?

1997年夏天,亚洲的泰国、马来西亚以及印度尼西亚爆发金融危机。11月,危机蔓延至日本,三洋证券、北海道拓殖银行、山一证券以及东京城市银行破产。亚洲金融危机完全暴露了日本银行业的不稳定状态,"日本溢价"初步形成。国际市场认为,相比于欧洲银行和美国银行,日本银行破产概率更高,因而在与日本银行合作时会要求更高的利息。

1998年3月,日本国会颁布了《金融功能稳定法案》(Financial Function Stabilization Act)。法案授权日本银行和存款保险公司(Deposit Insurance Corporation)30万亿日元(约占日本国内生产总值的6.25%)的资本金。其中,17万亿日元用于保护储户存款,13万亿日元用于注入"资本不足的,但可能健康"的银行。授权的资金数额如此巨大,但实际提供的资金只有1.8万亿日元。日本银行和日本存款保险公司计划向每家银行注入相同数额的资金,数额取决于最强大银行的需求。事实上,这笔资金被证实数量太少。一年后,《资本快速重组法案》(Rapid Recapitalization Act)提供了8.6万亿日元的资金注入。据估计,1992—2006年,不良贷款造成日本银行业的累计亏损约96万亿日元,占国内生产总值的19%。要从根本上解决日本银行业长期资本短缺的问题，这些资金依然不够，但其体现了政府认真稳定市场的意愿，注入资金也逐步消除了日本溢价。

经济危机的负面影响是持久的。20世纪90年代被称作日本"失去的10年"，银行问题和低迷的经济表现持续到了21世纪初。财政部是经济危机的罪魁祸首，它的许多权力被抽调到其他部门。财政部曾经是无所不能的"大藏省"，2001年重新命名为"财务省"（Zaimusho）。财务省翻译过来即财政部，但"财政政策管理者"的内涵变平淡了，从此它就被归入管理税收和支出的部门了。财政部的损失远远不止名称等级的下降。日本银行一直难以摆脱财政部的重大影响，也因在改革前后没有采取强有力的措施来解决通货紧缩而受到批评。20世纪90年代末，日本银行进行了改革，从此更加独立于财政部。1998年年初，一系列组织的变革逐渐剥离了财政部银行、证券和保险监管者的身份，总理办公室获得了这项监督管理权。2001年，一位新的内阁官员金融服务部长获得了这项监督管理权，新的金融服务机构在其管理下运作。

日本的金融危机归咎于多种因素。最重要的因素是，政府在不恰当的时机放松金融管制，造成了巨大的资产泡沫。泡沫破裂时，日本的金融部门与非金融部门都蒙受了巨额的损失。日本金融危机并不是个案。1987～1994年，瑞典、挪威和芬兰都经历了严重的金融危机。这几个国家在很大程度上都在不恰当的时机对先前严密控制的金融系统放松了管制，但政府迅速而果断地采取了行动，既公开承认金融系统遇到的危机，也制订了一套解决方案。最终，这几个北欧国家比日本更迅速地解决了本国的金融危机，其遭受的经济损失比日本小得多。关键区别在于，日本尽全力维持银行系统和自身银行系统监管者的现状，而不是首先确保经济健康发展。令人难以置信的是，日本已经从 20 世纪 90 年代的危机中抽身，而没有持续地深陷在金融危机的泥沼之中。如果当时日本当局拉动了安灯拉绳，危机肯定不会造成如此严重的后果。

● 衍生证券大杂烩

> **WRONG** Nine Economic Policy Disasters and What We Can Learn from Them

第 9 章 WRONG

衍生证券大杂烩
谁在享用看似只涨不跌的免费午餐？

21 世纪第一个 10 年，美联储把头格林斯潘四处兜售宽松政策，这是他送给小布什连任的灵丹，还是维持美国投机性繁荣的毒药？淹没在批评声中的评级机构穆迪公司的一位董事一脸无奈地说，难道是我们为了金钱而把灵魂出卖给了魔鬼？

WRONG
Nine Economic Policy Disasters and
What We Can Learn from Them

神啊！谁能够说"我现在是最不幸"？
我现在比从前更不幸得多……
也许我还将碰到更不幸的命运。
当我们能够说"这是最不幸的事"的时候，那还不是最不幸的。

——《李尔王》

我受够了银行业。

——罗纳德·里根

◆许多危机都拥有相同的"繁荣—萧条"模式，惊人的经济扩张后，戏剧化的崩溃就会发生。

如果每一场金融危机都有一个昵称，那么次贷危机肯定会赢得"'大萧条'以来最严重的金融危机"的绰号。那条咒语不仅被著名学者和媒体专家一遍又一遍地吟诵，最高层级的政策制定方面同样如此。贝拉克·奥巴马总统将一位来自加州大学伯克利分校的经济历史学家克里斯蒂娜·罗默选为经济顾问委员会（Council of Economic Advisors）的主席。有些人抱怨道，相较于精通经济史，总统更应该挑选一位在政策研究方面有更深厚背景的经济学家。后来，罗默自己询问总统办公室主任拉姆·伊曼纽尔（Rahm Emmanuel）"为何自己得到了这份工作"。伊曼纽尔说："你在'大萧条'方面是一位专家，我们真的觉得需要一位这方面的人才。"考虑到次贷危机距离经济末日那么近，理解危机背后的一系列政策失误是非常重要的。

本书前面大部分内容主要探讨了引发灾难性后果的某些具体经济政策，而没有把经济危机以及导致经济危机的政策作为重点。前面的部分探讨了两次世界大战之间的3次政策失误，即"一战"后的德国赔偿问题、两次世界大战之间的金本位制问题以及20世纪30年代日益增长的贸易保护主义问题。以上每个问题都设立独立的章节进行探

讨,而不是全部集中在"大萧条"的章节里。这一章的论述方法则不同。相较于讲述一条失败的经济政策开头,这一章在开头讲述了一场经济灾难——次贷危机,并考察了引发危机的经济政策。这么安排是有理由的。之前探讨的两次世界大战之间的经济政策,在不同的国家有不同的根源,而且是在各不相同的情形下发生的。"一战"的赔偿问题,源于孤立主义的美国担心无力对抗未来德国的侵略,盟军内部的沉重债务负担以及法国惩罚德国的意愿。全球回归金本位制受到了英国的先例刺激而出现,英国想要回归19世纪货币"正常化"的状态。美国《斯姆特-霍利关税法案》引起贸易保护主义的上升,开始了全球经济的低迷期,回应了美国国内的政治因素。相比之下,次贷危机的根源几乎都在美国。随后,这场危机迅速地蔓延到全世界。这场危机的主要原因是,不周全且具有意识形态动机的财政与货币政策、监管不足和其他一些政策失误。

惊人扩张,戏剧化崩溃

尽管"大萧条"和次贷危机这么严重,但两者都不是没有先例。19世纪和20世纪早期,银行业危机十分普遍。1805~1927年,工业化世界发生了60多次这样的危机。许多危机都拥有相同的"繁荣—萧条"模式。当商业周期(常规、温和的向上或向下的经济活动)扩大时,"繁荣—萧条"危机就会发生。惊人的经济扩张后,戏剧化的崩溃就会发生。"繁荣—萧条"危机在金融危机的主流模型中扮演着核心的角色,这种核心作用至少可以追溯到耶鲁大学经济学家欧文·费雪在20世纪30年代对这种危机的记述。根据费雪的记述,经济扩张使银行贷款的数目和规模扩大,甚至银行自身的数量也会增加,并且非银行机构的借款数额也会相应增长。随着扩张的持续,银行会继续寻求有利可图的投资。尽管经济繁荣发展,但越来越多的投资项目获得了资金,留下的有价值的项目就越少。"好项目"的相对稀缺状况没有阻止急切的贷款人,他们会继续发放资金。费雪为这种在经济周期性上升时期过度积累债务的情况表示遗憾:"要是经济上扬态势能够在到达平衡时停下来多好!"实际上当然没有。

当经济扩张停止了,最弱小的公司(典型的是在经济扩张后期获得贷款的公司)会难以还清贷款而违约。贷款违约会导致进行减值贷款准备(委托贷款减值准备就是企业在期末应按照委托贷款本金与可收回金额计量,对可收回金额低于本金的差额,计提委托贷款减值准备。——译者注)的公司陷入困境,会使银行的储户感到恐慌,令银行股持有者的财富缩水。即便储户没有发生恐慌,处于压力之下的银行也会减少它们的贷款组合,让资产机构变得更加具有防御性:减少新的贷款,不对已经到期的未偿还贷款进行续贷。银行和个人会出于筹集现金的目的卖出债券,导致股票和债券价格的下跌。贷款供应的收缩对公司产生损害,进一步加剧经济周期的衰退。更进一步的贷款收缩,更多贷款违约以及银行倒闭,进一步压低证券价格,使已经在衰退中的经济状况更加恶化。

"繁荣—萧条"经济危机有两个鲜明的特点。首先,经济扩张一般需要廉价充足的信贷。这需要银行家拥有大量的借贷资金,且他们愿意以低利率贷出。当中央银行实行低利率政策时,这种情况常常会发生。早期,当黄金构成货币存量的一个实质性的组成部分时,信贷扩张可能是发现黄金或进口黄金,这样会使可贷资金充足而廉价。信贷扩张也可能是银行借贷资金的意愿增强,或新的贷款方法(包括新型证券)出现。其次,"繁荣—萧条"周期会伴随特定资产或特定类别资产的投机增加,资产的价格因为廉价而充足的信贷,会在繁荣时期戏剧化地增长,然后在萧条期灾难性地崩溃。

以上内容恰当地描述了许多19世纪和20世纪的经济危机。例如,英国在1825年、1836~1839年、1847年、1866年以及1890年遭遇的经济危机。每次经济危机的前几年,经济增长都很迅速,经济频繁地受到黄金进口的刺激,并伴随投机的增加。每次危机的投机对象都不相同,包括不同时期的谷物、铁路、股票以及拉丁美洲的投资。美国在1837年、1857年、1873年、1893年和1907年发生的经济危机以及澳大利亚、加拿大、日本和西欧发生的许多其他的经济危机都有类似的规律。

19世纪,世界经济的相互联系越来越紧密,更多的经济危机表现出国际化的特点。1847年8月,在伦敦爆发恐慌之后的几周里,企业破产从伦敦向外蔓延到了英国其他地区、英国的殖民地、美国的殖民地以及美国。类似地,美国爆发了1857年的经济危机,迅速蔓延到了奥地利、丹麦和德国。更加严重的经济危机,如19世纪70年代中期、19世纪90年代早期、1907年以及20世纪20年代早期发生的危机,更不要提20世纪30年代的"大萧条"都蔓延到了各个国家和地区。

布什减税巧遇格林斯潘降息

我们无法准确辨认次贷危机的预备阶段是从何时开始的。美国国家经济研究局是一家民间学术机构,它是商业周期扩张与收缩何时开

第9章 衍生证券大杂烩
谁在享用看似只涨不跌的免费午餐？

始与结束的裁决人。数据显示，美国有史以来最漫长的商业循环扩张时期开始于1991年3月，一直持续到2001年3月。在那之后是8个月的经济衰退，这是美国历史上最短的衰退期之一。商业周期在2001年11月再次上升，在2007年年末终结，大概在同一时期爆发次贷危机。像之前无数次金融危机那样，经济繁荣是扩张性的财政与金融政策的结果。

乔治·W.布什总统任期前三年的3项减税措施，大幅推动了2001年开始的商业周期扩张。布什总统决心降低税率，并且承诺，如果当选为总统，就会削减税收。2000年8月3日，在费城召开的共和党全国代表大会总统候选人提名演讲上，布什说：

> 如今，我们的高税收为我们提供了盈余。有些人说，日益增长的联邦盈余意味着华盛顿有了更多的可用资金。但他们搞错了，盈余不是政府的钱，盈余是美国人民的钱。我会利用这个机会让税收变得合理与公平。并且，我会根据原则行动。按原则来说……每个家庭，每位农民和小企业主，都应该自由地把他们的毕生成果传递给他们所爱的人。我们会废除遗产税。按原则来说……美国没有任何一个人应该把超过自己收入的1/3上缴给联邦政府。因此，我会为每个阶层的每个人削减税率。

在参议院和众议院几乎各占一半的共和党多数派的支持下，布什2001年签署了《经济增长与税收减免调整法》，2002年签署了《创造就业机会与帮助工人法案》，2003年签署了《就业增长与减税调和法案》。这些法案降低了每个阶层的税率，降低了资本收益与某些股息的征税，并增加了一些免税、赊欠与减税的优惠政策。一些《经济增长与税收减免调整法》中提到的减税措施，在2003年的立法之后被加速执行。2001年9月11日恐怖袭击后1个月的阿富汗战争，以及2003年3月开始的伊拉克战争，进一步刺激了财政支出。2002年，美国在阿富汗部署了5 200名士兵。2008年，驻扎在阿富汗与伊拉克的美国军队数量几乎已经达到了18.8万人。很大程度上得益于苏联的解体，美国的军费开支在20世纪90年代相对较稳定，整个90年代都没有任何一年超过2 900亿美元。到了2008年，年度军费开支增长了一倍多，达到了5 950亿美元。

布什总统信守了他的承诺，取消了联邦政府的预算盈余。减税的净效应与国外冲突相关的额外支出，使联邦政府从2000年盈余2 360亿美元下降到了2008年赤字4 580亿美元。这种财政刺激措施鼓励家庭与公司花更多的钱，促进了2001～2007年的经济繁荣。

扩张的货币政策也是经济繁荣的推动力之一，美联储使利率长期保持在较低的水平。2000年年底，联邦基金利率（是美联储货币政策的一个关键指标）是6.5%。2001年3月，股票大幅下跌，主要是网络股（"互联网泡沫"）暴跌的结果。为缓和更广泛的经济衰退带来的影响，美联储迅速而戏剧性地降低了利率。2001年3月底，联邦基金利率下调至5%，6月跌至4%。到了8月，利率下降到3.5%，而且在9月11日恐怖袭击之后进一步下降。2001年年底，联邦基金利率已低于2%，达到了40年来的最低值。2003～2004年，在将近一年的时间里，利率维持在不高于1%的水平，到2004年11月中旬前一直低于2%。较低的利率政策，特别是2003～2004年的政策，促进了一段时期的投机性繁荣。

美联储保持较低水平的利率主要有两个原因。首先，在2001年的经济衰退过程中，就业的恢复速度比预期慢，产生了"失业型复苏"。这意味着利率需要在更长的时期内保持在较低的水平来刺激经济。其次，美联储的政策制定者担心，如果他们不采取大胆的行动，不进行清晰而具有说服力的辩护，不保持低利率足够繁荣经济的时间，美国可能会落入日本那样"失去的10年"。

一种更不宽容的观点是，美联储主席艾伦·格林斯潘的目标不是经济方面的，而是意识形态和自我服务方面的。格林斯潘支持宽松的货币政策，增加了共和党候选人乔治·W.布什连任的希望。当时布什被困于一场紧张的连任选举中，格林斯潘或许借此"巴结"政府机关，希望任期届满后连任美联储主席。实际上，布什总统确实在2005年5月前所未有地提名了格林斯潘的第5个任期。不论长期宽松货币政策的原因是什么，这对经济的繁荣来说是最为关键的。

没资格，却被错当房奴

如前所述，"繁荣—萧条"周期会伴随某个特定资产或某类资产的投机行为增加。在次贷危机中，投机的对象是房地产。在20世纪90年代的整个10年中，房屋的价格增长了约25%。2000~2006年，房屋的价格增长了一倍多，融资购房的贷款金额也发生了戏剧化的增长。尽管扩张性的财政与货币政策毫无疑问会导致房价激增，但经济的繁荣也依赖着许多法律与金融方面的发展。这些发展放松了对房屋金融市场的限制，特别是次级房贷市场。

次级房贷是向信誉较低的借贷人提供房屋贷款。这些人包括有逾期付款或破产记录的借贷人，无法充分证明他们收入的借贷人，或只能够支付一小部分房产首付款的借贷人。次级贷款是风险资产，只有当金融机构收取的贷款利息比向信誉较高的借贷人收取的更高时，它们才会发放次级贷款。次级房屋贷款在20世纪80年代变得更加普遍，那个时期联邦立法解除了利率管制，并规定了国家利率上限。这允许借贷人考虑更高利率的贷款。随后的立法取消了消费者信贷利息中的税收减免，但允许继续抵扣初级和二级住宅的房贷利息。规定鼓励消费者参与再融资套现，即为现有的一笔贷款提供一笔新的更大额的贷款，然后差额兑现。净效应是把可能成为信用卡债务的贷款转变成了房屋贷款。20世纪90年代中期，利率升高了，高信誉借贷人的贷款需求减少，于是借款者在低信誉借贷人中寻找新的机会，促进了新的次级房屋贷款的进一步增长。

次级市场的扩张也受到了证券化的推动，证券化的过程涉及将一组贷款集中起来，组成抵押支持债券（Mortgage – Backed Security，简称MBS），并把其中的一部分销售给投资者。证券化的一个好处是，公司和个人投资抵押贷款会变得相对容易，也会使可供抵押贷款的整体金额增加。例如，普通的个人投资者不会有兴趣购买我的房子的抵押贷款。任何购买我的贷款的人将必须承担行政成本，例如开发票、记账以及报税。即便我看上去信用风险很小，不太可能违约，如果我经历了某些未预见的事件，而我又无法支付我的房贷，那么购买我的贷款的投资者会承担大量的损失。此外，普通投资者更可能像我一样购买包含几千种贷款的抵押支持债券中的一些，这样行政成本被众多的投资者分摊，而且几千种贷款中的很少一部分违约也不会危害投资的价值。用这种方式，证券化增加了房屋融资的可用资金。

第9章 衍生证券大杂烩
谁在享用看似只涨不跌的免费午餐？

尽管抵押贷款证券化在20世纪80年代已经开始推广，但当时证券化的贷款是典型的"标准化"抵押贷款：标准规模、相对有信誉的贷款人以及高质量的抵押品。半官方的联邦国民抵押贷款协会（房利美）和美国联邦住宅贷款抵押公司（房地美）拥有大量标准抵押贷款支持债券，具有较低的违约风险，利率也较低。20世纪90年代，为了提高不太富裕的人的住房拥有率，政策鼓励房利美和房地美向中低收入地区与贷款者增加抵押贷款，包括放松贷款标准。这些政策行为造就了次级市场的繁荣。2000年，次级抵押支持债券占优秀抵押支持债券中的3%，以及所有新债券的8.5%。2006年，次级抵押支持债券占优秀抵押支持债券中的13%，以及所有新债券的将近22%。在80%的新次级贷款中，超过80%在2005年和2006年被证券化，而2001年这个比例只有50%。

不断增加的次级抵押支持债券被用于更加复杂的债券中，例如债务抵押债券（Collateralized Debt Obligations，CDOs）以及信用违约互换（Credit Default Swaps，CDSs）。债务抵押债券包含一个债务证券投资组合，投资组合又包括了次级抵押支持债券。这个投资组合通过发行更多的债券来筹集资金。这些债券分为风险较高的部分和风险较低的部分，其中风险较高的部分提供更高的收益。信用评级机构穆迪、标准普尔与惠誉国际评定债权的风险，这3个机构因对危机的评定过于宽容而备受批评。对评级机构的不满是，如果债权发行人获得了较高的评级，他们会向评级机构支付一笔费用，评级机构容易对债权的评定过于宽容。穆迪公司的一位常务董事在2007年匿名表示："这些错误使我们看起来并不擅长于信用分析，或我们为了金钱把灵魂出卖给了魔鬼，或两者皆有。"

在信用违约互换交易中，信用保护购买方同意支付定期费用，信用保护出售方保护"不良信用事件"（比如破产）。信用违约互换鼓励金融公司持有债务抵押债券，金融公司也相信信用违约互换确保它们不会因为持有债务抵押债券而蒙受损失。然而，信用违约互换听起来非常像传统保险，其实并不是。一家人寿保险公司会开具许多保单，任何一位保单持有人死亡的可能性都很小，保险公司接到的索赔通常由未死亡的保单持有人所支付的款项收益进行支付。信用违约互换当然不会涉及这样集中的风险：信用保护出售方在遇到不良事件时的偿还能力仅仅取决于资产的价值（资产的价值可能在一场经济危机中缩水），合同给予其支持。

要解释衍生证券的大杂烩，其中包括二次债务抵押债券（CDO^2）、合成债务抵押债券、跨行业债务抵押债券，以及现金流型债务抵押债券。这些都已经远远超出了本章探讨的范围。即便没有深入讨论，这些工具的发展，管制放松与错误的政策，使信誉较低的贷款人更加容易且更加有利可图地获得抵押贷款。证券化和新债券带来吸引人的回报，与次级贷款相关的债券更容易在美国和其他国家售出。当美国的房地产繁荣崩溃了，许多这类债券的价值大幅下跌，持有债券或对这些债券贷款的机构都破产了。

在通往次贷危机的道路上，错位的诱因大量存在。当时《纽约时报》的经济报道记者埃德蒙·安德鲁斯遭遇到了他自己的次贷噩梦，他对这一系列的事件进行了解释：

> 我的抵押贷款公司对此一点儿都不在乎，因为它会把我的贷款卖给华尔街。华尔街的公司也没放在心上，因为它们会把

贷款打包成一组抵押支持债券,然后再卖给全世界的投资者。投资者都不担心,因为评级机构已经给了债券3A的评级。评级机构也不担心,因为它们的数据模型表明这些贷款在过去的表现很好。

随着房地产市场的崩盘,支撑房地产发展的抵押支持债券的价值大幅下跌,灾难在金融机构间迅速蔓延。简而言之,这正是欧文·费雪在大约75年前描述的那种破产。

谁在监管?没有人!

一个投机泡沫膨胀的因素是,对于新而复杂的证券以及发行这些证券的机构,政府缺乏有效的规范和监督。

为了解释政府监管的重要性,我们必须回到第3章探讨的恐惧与贪婪。本质上,任何金融决策都可以归为这一动机。我是否应该冒险用我一辈子的积蓄进行风险投资,而这场投资可能让我成为百万富翁,也可能让我身无分文?还是我应该只是购买最棒的蓝筹股和最安全但收益低的债券?贪婪会驱使我选择前一个,恐惧则会驱使我选择后一个。如果风险投资大量增加,而投资者似乎赚钱很容易,我的贪婪可能会战胜我的恐惧。通常来说,政府不会参与我的决策,我自由选择自己认为适合的风险。如果我破产了,政府建立的破产法庭会帮助我的债权人瓜分我的资产,但政府不会阻止我做出可能会提高破产可能性的决定。

银行家也受制于恐惧和贪婪,因为银行的大部分资金是储户出于

信任而托付给他们的,政府会设定规则来保证银行家的贪婪不会压倒他们的恐惧。这类规则中最重要的是资本要求。资本要求使银行避免单纯依赖储户存款进行运营,迫使银行也要把它们和它们的股东所提供的资金利用起来。这些钱称为资本。资本要求以几种方式对储户进行保护。如果一家银行破产了,资本用于偿还储户存在银行里的钱。持有资本会促使银行不要采取过于冒险的行动,以免危及它们自己的钱。资本也为储户提供了一种具体信号,即银行不会采取过于冒险的行动。有时候,资本降低风险会被形容成把银行置于"风险共担"的位置。政府多年来一直都会设定银行的资本要求,而且根据《旧巴塞尔资本协定》《新巴塞尔资本协议》以及《巴塞尔协议Ⅲ》的规定,银行需要对更高风险的资产持有更高比例的资本。

1996年,美联储允许银行使用信用违约互换作为特定情况下银行资本的替代品。如果银行持有信用评级较高的信用保护出售方的信用违约互换产品,就能持有较少的实际资本。如果信用保护出售方无法履行协议约定,那么银行在面对危机时会不堪一击。2004年,监管者开始意识到围绕在某些信用违约互换产品周围的潜在问题,但并没有采取任何行动。2004年,证券交易委员会决定允许摩根士丹利、美林、雷曼兄弟、贝尔斯登以及高盛这5家最大的投资银行,使用自创的风险模型来确定所需的资本水平,取代原来政府提出的资本要求。换句话说,在某种程度上,这些机构变得能够自行裁决需要多少资本才能保证自身的安全运营。证券交易委员会宣布,通过雇用更多的员工以及定期与这些投资银行召开会议来监控运营情况。但这些规定出台之后,5家投资银行的资本比率都下降了。

另一种批评是,监管者并没有提高衍生产品市场运作的透明度。

也就是说，这些证券如此复杂且没有上市交易，客户很容易误解，甚至被误导这些投资产品的风险本质。例如，加利福尼亚州橘子郡因衍生交易而破产；20世纪90年代中期，吉布森贺卡公司与宝洁公司对信孚银行发起诉讼，要求赔偿公司的衍生交易损失。商品期货交易委员会努力增加信息披露的行动遭到了美联储、财政部和国会的反对。2000年的《商品期货交易现代化法》规定，政府不再对衍生工具进行监管。

贪婪战胜了恐惧

次贷危机确实是"大萧条"以来的一场历时最长、影响最深远的危机。简而言之，这是一场最糟糕的金融危机。尽管这场危机非常严重，但危机的根源很普遍，"繁荣—萧条"模式在过去的200年里反复重演。

当J.P.摩根被问及股票市场会如何，他著名的回答是："它会波动。"确实，这是大部分市场会出现的情况。不论是证券、货币、商品，还是房地产市场，它们会以无法预料的方式上涨或下跌。当某部分资产或某一类资产的价值在很长一段时期内持续上升，投资者通常会相信上升将会无限期继续。恐惧会消失，贪婪会成为指导口号。一旦市场价格只会继续上涨的信念建立，借钱投入那一块市场就有了充足的理由，贷款可以用出售升值资产的钱来偿还。资产会继续升值的信念越坚定，理性的人会投入越多，人们都试图获得这顿看似免费的午餐。

房地产市场的繁荣得益于意识形态驱动的扩张性财政与货币政策，这种繁荣推动着新的、越来越具有风险的、看似利益无限可能的方法

不断发展。最初,抵押贷款只会提供给具有充分支付能力的人。也是意识形态的原因,现在能够提供给收入不稳定的个人,即信用记录不良的人、首付更低的人以及收入更低的人。一些"良好"的公共政策提出要提高社会各阶层的房屋拥有率,但鼓励不富裕的人进行贷款可能超出了他们的偿还能力,特别是当经济衰退且房屋价格下降的时候,这会戏剧化地增加遭遇严重危机的风险。由于次级贷款是有利可图的,金融机构会定期设计出新的以及风险越来越大的方法,筹集更多的资金并注入房地产市场。泡沫进一步膨胀,最后的崩溃损失更加惨重。最终,受命于保护金融体系的监督管理机构遭遇了彻底失败。

如果把次贷危机的责任单纯归咎于错误的财政与货币政策,这种看法过于简单了。

我们也有充足的理由要求包括房利美、房地美、信用评级机构以及证券交易委员会在内的机构进行反思。当然,贷款者自身并不是毫无过错。埃德蒙·安德鲁斯说:

> 没有人欺骗我,催眠我,或哄骗我嗑药。和贷款者、放款者,以及他们背后的华尔街交易商一样,我以为我可以侥幸逃脱。每个人陷入困境都有自己的理由。经纪人和交易商是为了得到巨额佣金。炒房者是为了快速获得利益。普通房产购买者是为了拥有他们第一栋房子,换一栋更大的房子或买一栋度假别墅。有些人是贪婪的,有些人是极度渴望的,还有些人上当受骗了。

然而,布什政府所制定的财政政策以及格林斯潘领导下的美联储制定的货币政策应该对这场危机负大部分的责任。为什么？原因很简单，就是恐惧和贪婪。21世纪初的财政与货币政策使经济繁荣和投机行为增加，极大地提高了贪婪的收益，承担额外风险的动机增强了。不论监管会引发人们多大的恐惧（实际上并没有），它都可能会被高危水平的贪婪所压倒。

● 欧元已死？

> **WRONG** Nine Economic Policy Disasters and What We Can Learn from Them

第10章 WRONG

欧元已死？
意识形态完胜经济理论

美国引燃次贷危机，远在大洋彼岸的欧元区却沦陷为货币地狱，经济强劲勃发的"德国制造"都无法在经济寒潮中屹立，东欧诸多小国如何横渡难关？利率的每一轮飙升都让各国领导人通宵恳谈，牵肠挂肚，这一次应该谁先死？抑或先救谁？

WRONG

Nine Economic Policy Disasters and
What We Can Learn from Them

终有一天,唯一战场将会成为对贸易开放的市场和观点开放的心灵。终有一天,子弹和炸弹会被投票代替,全民普选,一个伟大的拥有主权的立法机构将实行其真正的仲裁。这个机构之于欧洲,就像英国国会之于英国,德意志联邦议会之于德国,法兰西制宪会议之于法国一样。终有一天,大炮会在公共博物馆中展出。正如它现在是一种酷刑工具那样,人们也会对曾经存在这种东西感到惊讶。

——维克多·雨果

这不可能发生。这是个坏主意。这种情况不会持久。

——鲁迪格·多恩布什

◆欧元可能会生存下来,也有可能崩溃。欧元能否生存,依然存在巨大的不确定性。

聪明的读者肯定已经留意到本章的标题加了一个问号。为什么是问号而不是感叹号?引用鲁迪格·多恩布什的话,甚至在采用欧元之前,经济学家就对它持有怀疑态度。

本书从21世纪的第二个10年开始撰写,很难想象欧元怎么会被视为一种灾难。尽管次贷危机发生在美国,但对欧元区也产生了严重的影响。目前,财政状况较弱的欧元区国家,特别是塞浦路斯、希腊、爱尔兰、意大利、葡萄牙以及西班牙,已经在破产边缘挣扎了数月或数年。这些国家的财政状况一直恶化,违约的可能性也在持续增加。为了补偿债券持有人的风险,国债收益率已经上升到了创纪录的高点。利率的每一次飙升似乎都会让欧洲领导人召开一次紧急的首脑会议。会议通常会持续到深夜,领导人急于寻找支持陷入困境的国家以及拯救欧元自身的方法。

财政状况良好的国家也没能免于这场灾难的影响。欧洲经济增长处于"二战"后的低点,失业率则处于"二战"后的高点。

2011年12月,评级机构标准普尔公司通告欧元区的所有国家,欧洲各国的主权债券评级正在接受审查,而且很可能会降级。随后,欧元区内的9个国家真的被降级,包括欧洲第二大经济体法国。当月,在接受调查访问的荷兰人中有50%同意"我们根本不应该加入欧元区"的说法,47%的荷兰人不同意。

经济危机也使政治局面变得更加不稳定。

在希腊,政党无法就经济政策问题达成一致,导致了2011年11月前任中央银行行长被任命成为希腊总理。随后,2012年5月选举的国会,没有哪个多党联盟能够拥有多数席位,6个星期后进行了第二次选举。在意大利,政党不愿意在欧盟施加的压力下实施经济改革,学术与国际公务员马里奥·蒙蒂(Mario Monti)被选举为总理,并选出了一个完全由无党派技术官僚组成的内阁。更糟糕的是,经济危机导致整个欧洲极端右翼政党力量的兴起,包括希腊公开的新纳粹主义组织"金色黎明"和匈牙利的民族主义政党"更好的匈牙利运动"。

那么,为什么要打个问号?

套用美国作家和幽默大师马克·吐温的话,对欧元之死的报道实在太夸张了。因为没有任何便宜或简单的方式来解散欧元区,政策制定者别无选择,只能对出现的问题进行修补,维持欧元区在短期之内的存续。如果他们拥有足够的远见,欧洲领导者也会推行一些改革,推动欧元走上更加健康的长期发展之路。正如目前经济与货币联盟的许多方面,这会是一个代价高昂且十分艰难的计划。

然而,一旦能够顺利推行,欧洲和全世界会收获巨大的回报。这些改革的成功会决定,欧元是否会像其创立者想象的那样成为欧洲繁荣的关键力量之一,或只会跟跟跄跄地前进,成为另一个巨大的政策失败。

分久必合 VS 不打不相识

2000多年来，军事将领、政治家和哲学家一直都在设法统一欧洲。最成功的军事行动是罗马帝国发起的。2世纪，罗马实质上统治着从英格兰北部的哈德良长城（Hadrian's Wall）到罗马尼亚黑海海岸沿线的全部欧洲南部与西部地区。

700多年后，查理大帝统一了欧洲中部与西部的大部分地区，包括近代法国的大部分地区以及现代德国和意大利的大部分区域。19世纪早期的拿破仑以及20世纪的希特勒的铁蹄踏过了欧洲的大部分地区，但这些帝国都转瞬即逝。

中世纪时期以来，有人计划在欧洲各国推行和平的政治经济合作，包括建立共同的立法与司法机构。在皮埃尔·杜波依斯、法国国王亨利四世、艾默里克·克吕塞以及威廉·佩恩的作品中，阐述了这种乌托邦式的计划。哲学家卢梭和边沁提出要建立一个国际法庭，康德则明确呼吁将欧洲各国合并成为一个联邦制国家。

并非所有关于建立一个更大国际组织的计划都是纯理论的。1834年，德国关税同盟建立。关税同盟降低了德意志邦联内各个国家之间的关税壁垒，设定了共同的对外关税，建立了海关议会，为19世纪后期德意志统一奠定了基础。

国际电报联盟和邮政总联盟为了促进国际交流分别于1865年和1874年设定了行政和技术标准。其他国际协议包括1875年的《国际米制公约》、1864年的《改善战地武装部队伤者病者境遇之日内瓦公约》、1883年的《保护工业产权巴黎公约》以及1886年的《伯尔尼保护文学和艺术作品公约》等。

"一战"所造成的破坏催生了几家促进改善后的国际关系的机构。国际联盟成立于战争结束后不久,旨在促进国际合作,实现国际和平与安全。其实现方式是:坚定地遵守国际法的规定;在实施政府行为时,不诉诸战争;保持开放、公正与相互尊重的国家关系;保持所有合约条款的公正性,并严格遵守。

在鼎盛时期,国际联盟拥有近60个成员国,但美国从未加入过,因为美国国会投票决定拒绝签署国际联盟的建立基础《凡尔赛条约》。1923年,奥地利伯爵理查德·康登霍维-凯勒奇建立了泛欧联盟。他认为,如果欧洲无法更紧密地整合在一起,它将重蹈战争覆辙。一些知名政治家支持泛欧洲主义,包括后来的法国总理爱德华·赫里欧、阿里斯蒂德·白里安、德国外交部长古斯塔夫·施特雷泽曼、科隆市长以及"二战"后的西德总理康拉德·阿登纳等。

尽管各个国家都希望彼此的关系更加友好密切,但两次世界大战之间的国际关系怎么也称不上和谐。《凡尔赛条约》对德国施加了严厉的惩罚。除了经济和实物赔偿,德国被迫给邻国割让领土,放弃海外的殖民地,而且军队规模,以及弹药的进口和制造受到了诸多限制。高度工业化以及煤炭资源丰富的萨尔盆地由法国和英国政府代管15年。在这15年的最后阶段,居民举行了全民公投,他们想重归德国。当1923年德国无法兑现赔偿义务时,法国和比利时的军队占领了鲁尔山谷。和萨尔盆地一样,鲁尔山谷是一个重要的煤矿与工业区。"一战"后施加给德国的苛刻条款既惩罚了德国,也使德国的工业与军事实力保持在较弱状态。

当然,国际关系在"一战"后未能改善的最佳证据是"二战"的爆发。"二战"结束后,同盟国又一次需要面对如何处理战败德国的问题。美

第10章 欧元已死？
意识形态完胜经济理论

国财政部长亨利·小摩根豪斯采取了强硬态度，提出德国应该被改造成一个农业国家，彻底取缔德国的工业是剥夺德国重新武装的手段。摩根豪斯说，这些苛刻的条款有助于"建立一种能够阻止德国在同一个世纪中第三次对无力的欧洲施加破坏与恐怖行动"。其他人提出了更温和的惩罚手段，他们相信苏联对"二战"后的世界威胁更大，希望德国坚定地站在西方同盟国的阵营中，而不要倒向苏联以及苏联占领下的东德。摩根豪斯认为艾森豪威尔是他的支持者，并援引了艾森豪威尔的话：

> 我想说，我对德国经济并不感兴趣，而且就个人来说，我并不想对其发展给予支持，如果这种支持令德国人更轻松地度过这段时间。想要德国成为对抗俄国的堡垒的人要求对其实行温和的和平政策。确实，俄国的力量十分强大。但现在俄国已经吞不下更多了，而且俄国当前的问题足够忙到我们过世也不一定能解决。几乎所有德国人都高度偏执，我们没有任何理由温柔地对待这种偏执。最好的治疗方法是让德国人自食恶果。

最初，摩根豪斯的观点占支配地位。1945年5月，美国出台了《参谋长联席会议第1067号指示》。指示规定，除了预防可能会危及占领军的疾病与动乱外，美国司令官不应该采取任何其他行动来修复德国经济。这种限制在1945年7月被放宽，美国下达命令，对德国的煤炭产量加以刺激，将煤炭出口到比利时、荷兰与法国。

1947年，对苏联威胁的担心超越了抑制德国经济的愿望，《参谋长联席会议第1067号指示》也被废止。大约在同一时期，为了向包括德国在内的一些欧洲国家提供经济支援，美国出台了欧洲复兴计划，也称"马歇尔计划"。

尽管对德国的态度软化，但萨尔区依然由法国接管，鲁尔区的煤矿和钢铁输出也在西方同盟国的监管之下。作为对此的补偿，同盟国允许德国于1949年在美、英、法军队占领区成立德意志联邦共和国。在一种可能是"如果你不能打败他们，就加入他们"的背景下，法国外交部长罗伯特·舒曼提出，建立一个在超国家权威管理下的煤炭与钢铁的法德共同市场。其他欧洲国家也被邀请加入。1951年，欧洲煤钢共同体通过《巴黎条约》。

成员国包括比利时、法国、德国、意大利、卢森堡和荷兰。根据《巴黎条约》，欧洲煤钢共同体会取消成员国之间的关税、配额、补贴、限制措施以及价格歧视，设立了相同的对外关税，设计了一套分配海关税收的方案。通过将法国和德国的两种对战争制造至关重要的产品的生产与销售绑定，同盟国希望能够借此降低未来再次爆发战争的可能性。

早在1946年，温斯顿·丘吉尔（Winston Churchill）呼吁创造一个"欧罗巴合众国"。欧洲理事会（很大程度上起咨询作用）在1949年时已经建立，但欧洲煤钢共同体是朝向欧洲和平式经济一体化迈出的最实际的一步。在1957年《罗马条约》的指导下，欧洲经济共同体（EEC，European Economic Community，欧共体）建立，进一步推动了欧洲国家间的经济合作，为一个欧洲共同市场规划了一张路线图。取消国家之间的关税，建立共同的对外关税，逐步取消所有国家的配额和补贴。考虑到经济学家认为自由贸易能够产生巨大利益，欧共体最终建立，并期待带来更大的政治与经济利益。

要实现欧洲统一也得付出代价。一个重要的例外是，农业无法纳入自由市场。欧洲农民，特别是法国和德国的农民，长期以来处在一个对国外竞争进行严格控制和保护的市场中进行交易。德国是一个正在崛起的工业国家，新的欧共体保证其工业产品进入整个欧洲市场。但法国的农业部门受到了很大的政治影响，而且除非能够让农业成为许多条款的例外，否则戴高乐总统不准备接受欧共体的条约。结果，欧洲的共同农业政策出台了。共同农业政策提供了一个免费的内部农产品市场，建立了一套相同的对外关税体系。农产品的价格会集中由欧洲当局商定，而且设定的价格被人为抬高，高于竞争市场的价格，此举的目的是安抚农民。

共同农业政策有一些负面影响。首先，它抬高了欧洲消费者所购买农产品的价格，因为设定的价格比市场价格高。其次，它加重了欧共体公民的税收负担，为农产品价格扶持政策买单的正是这些人。最后，该政策导致大量未售出的剩余农产品，而这些剩余农产品只能由欧共体购买。因为农产品商会获得高于市场价格的回报，他们的产出会超出市场需求。

有人给剩余农产品起了唤起人们共鸣的名字，如"黄油山"和"酒湖"。尽管共同农业政策已经经历了大幅改革，但它还没有完全消失。2009年，在黄油库存被买光的两年后，欧盟又购买了3万吨黄油。这对于1986年欧共体购买123万吨黄油来说，只是九牛一毛，但也表明共同农业政策还未完全消失。

20世纪60年代末，相较于世界其他地区，欧共体的农产品价格偏高，与世界其他地区的价格相比，家禽价格是131%，牛肉价格是175%，小麦价格是185%，油籽价格是200%，黄油价格是297%，白糖价格是 438%。根据 1999 年的估算，当农业占经济总量的比重比 20 世纪 60 年代低得多的时候，共同农业政策的成本预计是英国 GDP 的 1%～2%，包括消费者为农产品多支出的数额以及为纳税人的补贴。研究显示，20 世纪 80 年代，共同农业政策的宏观经济成本是 GDP 的 0.5%～3.5%。结合这些估算与实际数据，2010 年农业、矿产与公共事业的成本分别是英国经济总量的 1%～2%。此外，建设成本约 3.5%。为了实现通往欧洲统一进程这个更伟大的目标，这类成本巨大的投入被视为必须做出的投入。

欧元区，最适度货币区？

1957 年《罗马条约》基本没有提及货币问题。在《罗马条约》签订时，实行固定汇率制度的布雷顿森林体系已经确立，因此几乎不需要担心欧洲经济共同体成员国之间汇率波动的问题。随着布雷顿森林体系的缺陷在 20 世纪 60 年代日益暴露，卢森堡总理皮埃尔·维尔纳领导建立了一个委员会，旨在调查欧共体成员国之间加强货币合作以及稳定汇率的可能性。1970 年，这个委员会的报告指出，可以在 70 年代末实现货币统一，而接下来采取的步骤应该包括更协调的经济政策，例如货币、财政、预算、汇率以及在欧共体内部逐步清除贸易与资本自由流通的障碍。

为什么几个国家想要通用一种货币？早在 20 世纪 60 年代，经济学家衡量过这种安排的成本与利益。当时，诺贝尔经济学奖得主罗伯特·蒙代尔提出了"最适度货币区"的概念，在后来的文献中常称为"最优货币区"。

第10章 欧元已死？
意识形态完胜经济理论

在不同国家中通用一种货币带来的实际利益非常大，特别是这些国家之间的商业联系紧密。

举一个例子简单地说明其中的实际优势。当2002年欧元的硬币与纸币正式流通时，共有12个欧洲国家采用欧元，它们是奥地利、比利时、芬兰、法国、德国、希腊、爱尔兰、意大利、卢森堡、荷兰、葡萄牙和西班牙。在欧元诞生前，如果一位旅客从其中一个国家出发，带上了100德国马克、爱尔兰镑或者是意大利里拉，然后逐个前往欧元区的其他11个国家。在这些国家什么都不做，只是把手上的钱兑换成当地货币，每次兑换需要收取3%的手续费，那么这位旅客共需要花费最初总金额28.5%的手续费。

对从国外供应商购买商品的公司来说，外国商品是用另一种货币结算的，汇率波动会使处理常规的事务变得像赌博一样刺激。汇率的意外变动可能意味着要为进口商品支付更多的钱，一场交易是盈利还是亏损的结果很难提前获知。

公司应该冒着一种实际存在的风险进行交易，还是应该最小化风险而参与代价高昂的外汇交易，如购买期货合约或外汇期权？所以，在其他条件都相同的情况下，参与大量跨境交易的国家将会因为通用一种货币而获益。

其他好处没那么明显，也可能产生经济效益。如果所有产品和服务都用一种货币标价，国家间的价格差异会变得更加明显。在比较价格时，公司和家庭更加容易找出低成本的销售商，从而做出更加具有成本效益的购买决定，这也有助于最高效的生产商获得奖赏。

较小的国家可能会从加入一个货币联盟而获益，因为它们在偿还贷款的时候可以支付更低的利率。较小国家的债券不会再用具有更高风险的本国货币标价，本国货币更容易波动。

取而代之的是，用更加稳定的共同货币进行标价，投资者贷款给这些国家的方式也可能简化。以欧元计价的债券会比以希腊德拉马克或葡萄牙埃斯库多计价的债券具有更加广泛的国际吸引力，因为欧元可能会比其他两种货币更加稳定。拥有货币政策不负责任名声的国家也可能从中获益。因为加入货币联盟后，联盟会从这些国家政策制定者手中接管货币管理的权力。

加入一个货币联盟的主要代价是放弃本国货币与独立的中央银行。这些都是强有力的国家象征，放弃可能在心理上令人难以接受。更加重要的是，加入一个货币联盟意味着放弃货币主权。从此，货币政策的决定，如提高或降低利率，再也不是由心系国家利益的本国政策制定者作出，而是由一个有着更多优先考虑事项的机构作出有利于货币联盟整体利益的决定。如果货币联盟中的一个区域正处于衰退之中，需要低利率政策的环境，而另一个区域的经济正马力全开，会从高利率政策中获益（防止经济过热），那么货币联盟的中心机构不可能同时满足这两个区域的需求。

如果一个货币联盟中的不同区域遭遇到了不同类型、不同规模的宏观经济冲击，那么货币联盟将会承受一些不利后果。除非，存在区域调整机制。

这种调整机制可能包括将劳动力从高失业率地区向低失业率地区转移、高失业率地区相对价格与工资的下降以及出台以平衡局部经济冲击为目标的区域性财政政策。出于包括语言、劳动法以及欧元区机构的一些原因，目前这些调整机制中没有一个行得通。

历史上和现在关于货币联盟的例子非常多。现在的货币联盟分成两个主要类型：国家型和跨国型。国家的货币联盟建立在原来的独立区域统一为一个独立政治单位的基础之上。例如，18世纪，美国建立；19世纪，德国与意大利建立；20世纪，德国的重新统一。每个例子里，货币和机构都对建立在全国范围基础上的货币政策负责任。这种类型的联盟，即货币统一发生在政治统一后的联盟，已经证实是相当持久稳定的。

19世纪的跨国货币联盟包括：1865年由法国、比利时、瑞士和意大利建立的拉丁货币同盟，1873年由丹麦、挪威与瑞典建立的斯堪的纳维亚货币联盟。

这些联盟的主要特征是，对所有成员国流通硬币的重量和成分进行标准化。斯堪的纳维亚货币联盟甚至向一个完整的联盟迈进了一步，最终允许每个成员国的纸币在其他成员国流通。

然而，这两个货币联盟的竞争力没有美国、德国以及意大利的货币联盟完整。即便挪威和瑞典在1814～1905年共享同一位君主和同一种外交政策，它们依然保留了自己的中央银行和货币。拉丁货币同盟和斯堪的纳维亚货币联盟都不持久，在"一战"的通货膨胀压力之下纷纷解体了。

20世纪70年代，欧洲采取了诸多努力来限制外汇的波动程度。这些计划有着如"蛇形"浮动、"蛇洞制"等有趣的名字。这样的名字生动地描绘了汇率和它们波动的市场环境，像一条蛇或身处在洞里的一条蛇。尽管这些计划允许汇率发生几个百分点的波动，但宏观经济的波动，特别是1973年和1979年与石油危机相关的波动，迫使这些计划破产。取而代之的是，欧洲人集中采取措施，消除了国家之间的贸易壁垒，强化共同市场。20世纪80年代末，欧共体委员会主席雅克·德

洛尔委任欧洲中央银行行长委员会进行思考，如何才能最佳地推进货币统一化进程。磋商后，欧洲中央银行行长委员会紧接着发布了指示，目标是让货币在欧洲国家自由流通（之前是不允许的），并决定首先集中精力创造经济趋同、价格稳定以及预算纪律，然后把加入货币联盟的国家的汇率不可撤销地确定下来。

20世纪90年代早期，欧共体政府判定，欧洲一体化进入下个阶段的时机已经成熟。结果就是，1993年《马斯特里赫特条约》开始生效，条约的正式名称是《欧洲联盟条约》。条约的经济条款包括承诺到90年代末建立完整的经济与货币联盟。条约还提出，要建立欧洲货币管理局，管理成员国的中央银行。货币管理局是为了促进成员国货币政策之间的协调性，也是为欧洲中央银行的最终创立作准备。条约为成员国设置了一定的标准，必须先满足这些标准，才能成为正式的欧元区成员。这些"趋同标准"对通货膨胀和长期利率施加了限制，规定要在2年之内维持汇率稳定。趋同标准也适用于政府财政，将成员国的国债和财政赤字限定在国内生产总值的一定比重之内。1997年，成员国的政府首脑通过了《稳定与增长公约》，旨在建立一个监控、警告以及最终惩罚的系统来对违反的成员实施财政监管。

1998年6月1日，欧洲中央银行成立。1998年12月31日，奥地利、比利时、芬兰、法国、德国、爱尔兰、意大利、荷兰、葡萄牙和西班牙的货币被不可撤销地固定下来，随后希腊德拉马克也固定下来。从1999年1月1日开始，欧元被引入图书交易以及欧洲的证券交易。2002年1月1日，联盟变得完整，欧元的硬币和纸币开始流通，各国的货币逐渐暂停使用。

决定使用欧元是出于政治和意识形态的考虑，而非经济上的因素。

在货币联盟建立的时候，欧洲不是最优货币区，当然其等级也比不上美国。由于语言和其他一些原因，欧洲国家间劳动力的流动并不如美国各州之间或加拿大各省之间的强。欧洲没有像美国财政联邦制那样的制度，而且欧洲的经济危机要比美国的规模更大，关联性更低。欧洲的政治家一点儿也没有留意到学术界对货币联盟的观点，正如他们的前辈从未过分担心共同农业政策的成本，他们平稳地，甚至是大步伐地向不可撤销的货币联盟迈进。

1999年年初，欧元高调投入使用。2002年年初，新版纸钞的声势甚至更加浩大。尽管欧元和欧洲中央银行早期犯过许多错误，而且有人针对欧洲没能解决就业与财政政策问题提出了批评，但早期对欧元的看法大多是积极的。2005年1月，一位学者在总结欧盟货币记录的时候写道："从多方观点看，欧元和欧洲中央银行最初6年是平静无事的。这是一个令人欣喜的发现。对于货币政策来说，'平静无事'几乎是'成功'的代名词。"在一场欧共体委员会举办的庆贺货币联盟创立10周年纪念的会议上，负责经济与货币事务的委员在开场时指出，目前各方一致认为欧元取得了成功。会议上的研究报告表明，欧洲货币区的优秀等级已经有所提高，欧洲实际上依然能够成为更优的货币区。一位会议参与者写道："欧元区作为一个整体，比目前所见具有更强的弹性，低实际与预期通货膨胀率，低利率以及更强的宏观经济稳定性。"

弃用主权货币的诱因与陷阱

次贷危机来袭了。

次贷危机起源于美国，主要原因是新金融工具、宽松的货币与财政政策，以及监管松懈与过度风险行为。相比之下，欧洲的财政与金融政策在次贷危机面前更加稳健。尽管欧洲不是这场危机的主要策动者，但也不是一个无辜的旁观者。欧洲的金融机构购买了大量抵押贷款债券以及相关的衍生证券。当这些金融产品的价格骤然下跌时，投资者损失惨重。事实上，欧洲银行购买的衍生证券比美国银行的更多。当价格骤跌的时候，欧洲承受的财政压力至少和美国一样沉重。许多原因造成了美国房价在1999～2005年急剧上升，但欧洲某些地区的房价也同样大幅上涨。在有些情况下，房价超出30年来平均价格的40%。房价的上涨并不是始终如一的。奥地利和德国的房地产市场相对不景气，西班牙、爱尔兰、比利时、荷兰和法国的价格则出现了惊人增长。繁荣的房地产市场崩溃了，金融机构以及援救的国家政府出现了更多问题。

2009年10月，危机进一步加剧，此时新选举的希腊政府将政府预算赤字的估算值从国内生产总值的6.7%修改为12.7%，随后的估算值又上升到了13.6%。希腊一直大量借贷，欧元为其借贷提供了帮助。相较于以希腊德拉马克为计价货币，希腊作为欧元区的成员国，可以在世界市场上更容易且以更低的利率进行贷款。当希腊财政危机的程度变得众所周知时，投资者越来越担心希腊的偿还能力，这导致希腊政府贷款的利率上升。借款人到底有多担心？只要对比希腊的借贷利率与当时被视为财政节制典范的德国所发行的债券利率之间的"差额"即知。希腊与德国10年公债收益率之间的差距，从欧元于2000年1月诞生开始到2009年3月一直维持在1%或更低，到2010年年初时突然上升到近3%，而到2010年8月则上升到了8%。2011～2012年，差距继续上升，突破了30%。

随着希腊经济状况以及债券市场对其评价的不断恶化,欧洲的政策制定者召开了一系列会议来讨论施加紧急援助的可能性。如果希腊没有加入欧元区,它肯定已经摆脱了债务紧缩的问题。希腊央行会增加德拉马克的供应。

相应地,通货膨胀会降低德拉马克的价值,政府可以用一种贬值的货币来支付债务的利息。通货膨胀降低了德拉马克的价值,相对于贸易伙伴的货币价值下跌,有利于希腊出口商品市场的发展,也鼓励更多外国人到希腊游玩,在希腊消费。这条政策的代价是通货膨胀,通货膨胀会使希腊储蓄和工资的价值降低。

考虑到希腊已经用欧元取代了德拉马克,如果不能离开欧元区,就无法借助通货膨胀来解决问题,我们将在后文探讨这种可能性。取而代之的是,希腊从欧盟和国际货币基金组织借贷,然后支付其以欧元计价的债务。最初计划让德国等财政状况更加良好的欧洲国家的纳税人承担援助希腊的大部分成本,但这些纳税人对援助希腊不负责任的财政政策的前景感到犹豫。欧洲其他国家的银行持有大量希腊债券,政府担心希腊的违约会引发欧洲大范围内的银行倒闭,因此欧盟和国际货币基金组织商讨出了一套希腊援助计划。计划于 2010 年 5 月实施,为希腊提供了 1 100 亿欧元的资金,足够希腊偿还债务。2011 年 7 月,希腊得到了第二轮援助,金额与第一轮大致相同。德国人并不是唯一不满这些协议的人。援助的条件是,希腊政府同意实施严格的紧缩政策,包括减少公共部门工作人员的数量以及削减工资。紧缩政策使希腊的经济活力进一步下降,失业率上升,大规模的抗议不断,甚至是暴力抗议。

不久,其他欧盟区的国家也需要紧急援助。在爱尔兰,房地产泡沫破灭，政府宣布为银行提供担保。2010年11月，担保的全部费用变得众所周知，爱尔兰政府从欧盟和国际货币基金组织寻求贷款。爱尔兰政府获得的救援金额总计为850亿欧元。2011年4月，无法维持高水平政府与消费者债务的葡萄牙也请求援助，后来获得了总金额780亿欧元的救援资金。2013年4月，塞浦路斯获得了100亿欧元的援助资金。

尽管希腊、爱尔兰和葡萄牙的经济危机很严重且代价高昂，但这些国家都属于欧盟最小的几个国家。这3个国家里最大的是希腊，希腊不足欧洲GDP和人口的2%。欧洲领导人匆忙召开了一系列通宵峰会来探讨救助协议，并设计机制为整个欧洲的金融机构提供紧急支持。观察家担心问题蔓延到了更大的国家，可能需要一笔更大的救援资金，他们会没有足够的资源进行救援。

例如，意大利是欧盟第4大国家，约占了欧盟GDP和人口的12%。欧洲领导人担心，一旦意大利这个臃肿而缺乏效率的国家破产，欧盟和国际货币基金组织会难以处理接下来的事。前10年的大部分时间里，这个国家都处于一位出了名的善变且数次被定罪的总理领导之下。在欧洲领导人的压力下，意大利任命了技术官僚的总理与内阁。2011年年末，总理就职。总理实行了实质性的改革，任期到2013年4月结束。欧盟的第5大经济体西班牙在2008年房产泡沫破裂中蒙受了巨大损失，最终欧洲在2012年对该国最大的房产出借人与一些更小的金融机构实施了紧急援助。

欧洲货币联盟并没有任何先例。成立之初，欧元区包含12个国家。2013年年初，成员国发展到了17个，还有一些东欧国家预定会在不久的将来加入。欧元区的成员国是一些全球最先进的工业国家，欧元区的GDP和人口大约和美国相当。从许多方面看，欧元取得了巨大的成功。

这些国家几乎全部参与了 20 世纪的两场灾难性的战争，它们还处于不同阵营，而在 21 世纪初它们自愿放弃自己的主权货币。这些国家放弃了发行本国货币以及掌控本国货币供给与利率的权力，拱手交给了一个超国家的权威机构——欧洲中央银行。没有任何其他的跨国货币联盟覆盖了如此广阔，或者如此富有的一个区域。实际上，欧元通过加速减少产品、劳动力以及资本在欧洲的流通障碍，带来了巨大的利益。尽管这些障碍最终可能也会减小，但政治家想要创建货币联盟的愿望无疑加速了这一过程。

"先天不足"的顶层设计

尽管取得了一些成就，但欧元仍存在一个严重的设计缺陷。为了在整个欧盟内部使用同一种货币政策，必须存在一种非货币机制，使欧盟内的各地区适应经济危机。欧洲货币联盟还不具备那样的机制。语言以及其他障碍阻碍了劳动力从高失业地区向低失业地区流动，消除了一种潜在的调整机制。由于缺失财政联邦制，欧盟内部各个区域的政府各不相同，消除了另一种平衡不同地区经济冲击的方法。在缺少这些机制的情况下，政策制定者唯一的一种主要工具是特定区域的货币政策，而这不可能在一个货币联盟内运用。

甚至在欧元发行之前，学术界就探讨了欧元在何种情况下会崩溃这一问题。随着欧元危机的展开，这种预测变得甚嚣尘上，不仅仅在学术界的象牙塔中，记者、政策制定者以及街头的男男女女都在探讨。在危机的早期阶段，预测集中关注的是，希腊以及希腊是否会努力解决其财政与金融问题，是否会离开欧元区（简称"希腊脱欧"），重新

采用德拉马克。随着危机在整个欧元区内蔓延，财政状况同样不佳的国家对欧元的承诺也受到了质疑。一两个国家的退出会导致欧元区崩溃吗？提供紧急救援的代价是投机增加。以德国为代表的更加具有偿还能力的国家，正在寻找一种方法脱离它们苦苦挣扎中的伙伴。有些人建议构建双重货币体系。

在这种体系下，财政状况更强大的北欧国家保留了欧元，与此同时希腊与其他财政陷入困境的国家将创造一块"南部欧元区"。其他人提出，有些国家可能会引入一种并行货币，与另一国家的货币并行使用。还有的人提出，不应该等待希腊脱欧，而应该主动将其除名。或者，德国和其他北欧国家应该在支撑欧元区的成本变得大到难以承受之前先退出。一家英国智囊机构可能为英国最初没有加入欧元区而扬扬自得，它们为一个欧元区成员国顺利退出欧元区的计划提供了25万欧元的奖金。

随着主权债务危机的蔓延，社论作家讨论希腊是可能，应该，还是将会退出欧元区。媒体头条充斥着"希腊应该离开欧元区"和"不论任何时候，希腊都不会离开欧元区"这样的新闻。一个国家要退出欧元区，需要处理大量的技术与遗留问题。发行新的纸币和硬币，并将其送到银行与自动取款机；电脑程序要重新进行设定；从自动售货机到停车场的验票机，所有的设备也要根据新货币重新进行设定。所有这些必须迅速完成，因为一旦欧元即将被一种价值更低的货币所取代的消息出现，人们就会开始囤积欧元。

退出欧元区也将付出巨大的经济与政治代价。从欧元区退出的政府与公司债权人将会承受巨大的资本损失，因为它们以欧元计价的债券价值大幅缩水，会给在资产负债表上持有这些债券的金融机构带来

第10章 欧元已死？
意识形态完胜经济理论

灾难性的后果。一位观察家说，欧元区的崩溃会触发"金融危机之母"。考虑到退出欧元区可能造成的严重破坏，继续使用欧元的国家可能不会逐步向退出欧元区的国家靠拢。例如，弃用欧元的国家可能会不想脱离欧盟的非金融安排，例如单一市场（Single Market，尤指免关税的欧洲市场。——译者注）的商品与服务的自由流动。某些国家退出欧元区，受到不利影响的国家可能会坚持，退出欧元区的国家也要退出其他欧洲机构。

欧元可能会生存下来，也有可能崩溃。欧元能否生存，依然存在巨大的不确定性。法国农业信贷银行每晚都会把其希腊子公司艾波奇银行结算下的余额电汇给巴黎，早上再汇回希腊。它们进行这种不寻常且相对成本较高的金额转移活动，无非是防止希腊在一夜之间弃用欧元。因为希腊弃用欧元会使留在爱波奇银行的所有现金一夜之间大幅贬值。法国农业信贷银行以及其他在希腊进行运营的法国公司准备以象征性的1欧元出售它们在希腊的业务公司。此举主要是让自己远离"希腊脱欧"可能会给它们带来的损失。

危机出路只在前方？

许多经济学家提出，走出欧元危机的唯一方法是向前。他们提出了令人信服的理由，在一定条件下，接受欧元区较富裕国家的短期帮助，对欧元区经济实力较弱国家的稳定发展是必要的，这为劳动力市场的一体化与财政联邦制的进一步发展创造了时间，由此为欧洲的未来创造出更稳固的结构。我们有充分的理由认为，欧洲北部与南部的政府都会支持这个计划。根据瑞士联合银行的估算，希腊脱欧会使希腊的总生产额在退出欧元区之后的第一年下降40%～50%，比希腊在金融危机爆发后的经济衰退幅度更大。希腊国内的政治领导人并不急于退出欧元区。左翼激进联盟党承诺当选会拒绝援助，它们声称自己的目标不是退出欧元区，而希望他们所采取的强硬路线能够商议出更宽松的援助条件。

在南北分歧的另一端，德国也会因为退出欧元区而蒙受巨大损失。近年来，德国的繁荣很大程度上建立在作为欧洲最强大的产品输出国的地位之上。如果欧元区崩溃或欧元区里经济实力较弱的成员国退出，德国会被迫使用一种昂贵的新货币来面对出口市场，要么是一种新的德国马克，要么是由更强大国家组成的货币联盟所发行的欧元。不论在哪种情况下，德国都将发现自己会因为提价而失去出口市场。因此，如果要在援助希腊和再也不把奔驰汽车销往国外之间作出选择，负责任的德国领导人将会尽自己最大的努力来拯救欧元。

除去为了拯救欧元区而采取的看似缓慢的步骤，欧洲政治家明白，这样做的赌注很高，失败将付出高昂的代价。在6周之内的第二次选举中，希腊任命了一个亲欧元的政府。

德国与欧洲中央银行一直在扮演拯救欧元的先锋，欧洲中央银行主席马里奥·德拉吉（Mario Draghi）甚至说将会不惜一切代价来拯救欧元。在2012年年末到2013年年初期间，欧元区领导人的讨论话题集中于打造一个联盟，让成员国的税收与支出决定更加具有联邦主义与纪律性的财政联盟，也让欧洲的银行建立更多统一监管与监督，保持金融稳定的银行联盟。

欧元发行后的前6年强调的是好处，后来欧元的成本变得更加明显。如果欧洲能够建立使欧元更平稳发展的调整机制，在其创立的15年后，欧元可能依然会是一项成功的政策,而非像现在看来像一个灾难。像最初的执行状况一样,欧元会是一场失败。使用头脑冷静的实用方法,或许还有可能成功。

• 以经济史为鉴

> **WRONG** Nine Economic Policy Disasters and What We Can Learn from Them

第11章 WRONG

以经济史为鉴
私人利益、民族利益和国家利益如何兼得？

"一战"过后，丘吉尔极力推动英国回归金本位制，却遭到经济学泰斗凯恩斯的辛辣嘲讽，但在辩论会的最后关头，口齿伶俐的凯恩斯却突然"心不在焉"。强大的民族情感诉求能否抵挡政治上的一意孤行？美国金融业如何在不断迈向危机的过程中既让全世界感受到它的影响力，却又能拉上几个"冤大头"？

WRONG
Nine Economic Policy Disasters and
What We Can Learn from Them

"啧，啧，孩子！"公爵夫人说，"凡事都有它的寓意，只要你能找到它。"

——路易斯·卡罗尔

◆ 本书分析的政策失误大多都是坚持已经过时或根本上存在缺陷的经济思想。

如果说本书完整地记录了过去200年间的经济政策失误，一定十分吸引人，也会有助于本书大卖。遗憾的是，事实并非如此。本书中记述的一段时期出现了许多政策失误，书里探讨的是有代表性的几次危机，是错误政策中精华的几个政策。本书不能自称已经对过去200年的各类经济政策失误进行了综合性的记述。19世纪与20世纪的政策失误种类太多，不能用9个事件涵盖。对现代或历史上的经济政策进行研究，你一定能总结出一个结论，即不存在"典型"的经济政策失误，不存在制定出优秀经济政策的普遍方法。

我们很难辨认经济政策失误的来源，当初决定推行这些政策的原因大多不是单纯基于经济效益。

假设经济学家可能会认可政策本身的优点，但政策通常是一个复杂的具有内在联系的，有时还有些相互矛盾的经济、政治与历史力量构成的复杂网状系统。例如，当英国首相罗伯特·皮尔被约翰·罗素勋爵取代时，英国对爱尔兰大饥荒的政策反应发生了戏剧性的转变，而且往更坏的方向转变。《谷物法》被废除，部分是缓解爱尔兰食物短缺的愿望，但皮尔却付出了惨痛代价，许多保守党成员转而支持罗素，致使其支持率不足而最终被罗素取代，导致皮尔的饥荒救济政策被一个建设性更差的政策取代。日本财政部在20世纪90年代"失去的10年"里实行了灾难性政策，而且是在没有任何强烈反对声音的情况下实行了这种政策。日本财政部长期以来的行事态度以及日本政府所拥有的至高无上的力量，已经持续了几十年。如果没有激发北美殖民地的革命热情，英国制定的《航海法案》只是英国众多类似法案中的一项，与其他殖民国家在一个世纪实行的政策一样，即以牺牲竞争者与殖民地为代价繁荣宗主国的经济。

除了这些复杂的因素，有些错误政策似乎只是随机发生的意外。1925年3月，英国财政大臣温斯顿·丘吉尔举办了一场小型宴会，他邀请了奥托·尼迈耶爵士、约翰·布拉德伯里勋爵、雷金纳德·麦肯纳与约翰·梅纳德·凯恩斯参加宴会。现任与前任财政部公务人员尼迈耶和布拉德伯里赞成英国回归金本位制。"一战"期间担任英国财政大臣的麦肯纳和著名学者、权威人士以及偶尔担任政府政策顾问的凯恩斯表示反对。

众人并不清楚，丘吉尔已经决定英国将回归金本位制，现在只是想要知道他会受到凯恩斯怎样的嘲讽，还是他真的想在作出最后决定前请受邀的几位客人围绕金本位制的利与弊进行一场最终辩论。丘吉尔的私人秘书P.J.格里格也出席了宴会。后来，格里格在自传中回忆道，宴会上金本位制的反对者提出的观点并不特别具有说服力。格里格的叙述是现存的当晚唯一流传下来的记录，但他的叙述不够详细，我们无法通过他的记录确认到底发生了什么。完全有可能的是，当时对金本位制最口齿伶俐的一位反对者凯恩斯在那个晚上有些"心不在焉"。

第11章 以经济史为鉴
私人利益、民族利益和国家利益如何兼得?

把损失转嫁给外国人

尽管我们提醒不要对典型的经济政策失误形成刻板印象,有些独特的模式依然很突出。本书分析的政策失误大多都是坚持已经过时或根本上存在缺陷的经济思想。

1925年英国回归金本位制是这样的一个事件。在"一战"爆发前的半个世纪里,金本位制一直是国际金融秩序的基石,也是英国全球金融领导地位的基石。英国拥有强大的回归金本位制的情感诉求,在政治上很难抵挡这一趋势。当时,金本位制受到了两位如今最著名、作品传播范围最广的经济学家凯恩斯和古斯塔夫·卡塞尔的公开反对,政策制定者不可能不了解实行金本位制可能造成的消极影响。雷金纳德·麦肯纳也提出反对回归金本位制,他认识到了当时的政治现实。在上面提到的那场宴会上,麦肯纳对丘吉尔说:"我们别无选择,你必须恢复金本位制,但那会是地狱。"

在英国应对爱尔兰大饥荒的过程中,意识形态也发挥着类似的破坏性作用。当时,约翰·罗素勋爵错误地坚持了自由放任原则,拒绝干预食品市场的运作。减轻痛苦和挽救生命这样的凌驾性需求当然应该超越意识形态上的坚持。尽管需要为阿富汗战争和伊拉克战争筹集资金,乔治·W.布什还是决定减税,只能被解释为意识形态超越了常规的财政管理。两次世界大战期间,尽管欧洲大陆经历过金本位制的灾难,更不用提欧洲显然不是一个最优货币区,但依然决定统一欧洲大陆的货币。套用奥斯卡·王尔德的话,欧元是意识形态对经验的胜利。

另一个重要原因是私人利益发挥了过度的影响力。在颁布新经济政策时,政治家通常会发表声明,实行这项政策是为了公共利益。但这些政策也会对社会中的某个特殊群体带来利益或产生影响。因此，英国决定回归金本位制很大程度上是对民族情感的一种回应，也有伦敦强大金融业的支持。在回归金本位制后，伦敦金融业的国际地位获得了很大提升。美国第一合众国银行和第二合众国银行的国会投票也主要由私人利益决定。想从银行获利的地区和阶层会支持银行建立和延续，银行在议会的支持者也会这样想。把银行视为不受欢迎竞争者的地区和阶层会反对银行建立和延续。类似地，美国金融业在不断迈向次贷危机的过程中让世界多次感受到了它的影响力，因为它鼓励立法者和监管者放松对金融业的监管和约束。

政策失误常常与"把损失转嫁给外国人"有关。如果前几段讲述的政策失误动机是"私人利益"，那么这种政策失误动机可以称为"民族利益"。这类政策具有非常明显的国内政治动机。"一战"后强加于德国的赔款，以及坚持协约国内部的债务必须全部清偿，都是这类动机的典型例子。对德国强加赔款不仅削弱了德国的经济与军事实力，而且加强了欧洲其他协约国的相对地位，特别是法国的地位。美国最初是削减赔款的有力支持者，但削减德国赔款需要美国取消一部分协约国内部债务，而美国不愿意付出这样的代价。美国在两次世界大战期间实行的《斯姆特－霍利关税法案》和其他国家随之作出的报复性反应，就是试图向其他国家转嫁损失。这是适得其反的例子。

本书中探讨的政策失误还有一个共同特征，它们常常过度拖延，要么延迟有益政策的实施，要么耽误错误政策的拨乱反正。相关的例子是，在20世纪90年代，日本财政部作出了极大的努力，隐藏了日本的银行问题，也推迟了清算时间，但此举大大提高了最终解决问题付出的成本。两次世界大战之间的金本位制是另外一个例子。20世纪

30年代早期取消金本位制的英国等国家，在"大萧条"期间的财政状况比依然紧抱"黄金枷锁"不放的国家更好。

身陷帕累托游戏

上文提到过，尽管政策失误令人沮丧，但我们可以通过研究而学到珍贵的教训。政策制定者学到了什么吗？是的。各国在遏制民族主义利益方面已经取得了极大的进步。

政策制定者在贸易政策领域学到了一些最重要的教训。在整个十七八世纪以及19世纪的大部分时间里，世界贸易存在大量关税壁垒。1846年英国取消《谷物法》标志着，世界主要的商业与工业强国开始稳步迈向更加自由的国际贸易环境。这种趋势在两次大战期间被逆转，当时世界贸易不景气的原因是"大萧条"。"大萧条"使各国收入减少，而各国设置的关税壁垒也进一步加剧了经济的不景气。"二战"后，《关税及贸易总协定》开启了持续10年的多边贸易自由化进程。当然，贸易保护主义偶尔会抬头。在1992年美国总统大选期间，H.罗斯·佩罗宣称，一旦《北美自由贸易协定》通过，美国的就业机会必将伴随着"巨大的吸吮声"源源不断地流向墨西哥，美国劳动者的工资也会下降。即便许多国家近来对商品和服务的自由流动设置了或小或大的障碍，"二战"结束至今也是历史上持续时间最长的自由贸易时期。考虑到最近的次贷危机和欧元危机，这种趋势就特别令人印象深刻了。尽管经济领域发生了自"大萧条"以来最严重的挫折，但政策制定者似乎真的不愿意走上调关税的道路，这点比两次大战之间他们的前辈取得了明显的进步。

政策制定者也大幅修正了他们有关赔款的观点。自古以来，获得巨额赔款被视为战胜者的权利和战败者的义务。在现代世界，这种传统在"一战"后向德国强加赔款时达到了顶峰。强加给德国的赔款负担远超19世纪或20世纪任何一场战争确定的赔款数额，而且这笔巨额赔款是两次世界大战期间德国经济政治不稳定的重要原因之一。政策制定者似乎已经从"一战"赔款中学到了教训。尽管"二战"后惩罚德国和日本的冲动很强，但政策制定者明智地看到，虽然帮助战败国重建的代价很大，但推动本国和外国的经济繁荣有益于世界和平。

政治家的团体迷思

我们还能从这些灾难性经济政策中学到更多知识吗？是的。

第一，拒绝主要以意识形态为基础的政策提议。政策制定者坚信某一个核心理念，然后把它作为政策决定的依据，就会出现以意识形态为基础的政策。这个核心理念被当做"传统智慧"。可能的原因是，"我们一直都是那样做的"。习惯（或自满）常常会蒙蔽我们的双眼，让我们无法看清过去的政治传统可能已经失去了效用。英国曾经实行金本位制90多年，比任何其他国家实行的时间都长，"一战"迫使英国和其他工业化国家放弃了金本位制。在"一战"前实行金本位制的时期，英国是有史以来最强大的军事、工业、贸易与金融强国。公众和政策制定者把大英帝国的繁盛和金本位制联系在一起也是合理的。然而，凯恩斯和其他学者发出了振聋发聩的警告，政策制定者本应彻底反思回归金本位制这条传统智慧。

以传统智慧为基础的经济政策并不是久远的遗迹。在过去的半个

第11章 以经济史为鉴
私人利益、民族利益和国家利益如何兼得?

世纪里,经济学家和政策制定者群体中的一种主导思想是放松管制。这一点在金融领域最为明显。在20世纪30年代的"大萧条"之后,政府对银行业和金融业的各个方面都施加了严格管制,也就是一种金融封锁。严苛的管理制度阻碍了金融创新,拖累了经济增长,但也使工业化世界免受经济危机之苦。从20世纪60年代开始,政策制定者在经济学专家的怂恿下开始放松经济封锁,此后这个趋势愈演愈烈,直到2008年次贷危机爆发。即便通信与科技的进步使金融业变得更复杂、更难以监管以及更善于冒险,放松管制的趋势依然存在。当金融系统变得更加具有危机倾向且需要更多复杂的监管时,占据主导的却是传统的放松管制理念。

经济学理念也可能变得根深蒂固,因为政策制定者和机构会陷入一种"团体迷思"(Groupthink,团体在决策过程中,由于成员倾向让自己的观点与团体一致,因而令整个团体缺乏不同的思考角度,不能进行客观分析。——译者注)。在两位独立专家于2012年年底发表的英国央行的评论中,我们发现了这样的问题。一位专家评论道,英格兰银行的工作人员常常会挑战他们的上级,但倾向于"过滤"自己的建议,使自己更容易受到上级青睐。另一位评论者发现,金融危机凸显了坚持共识会犯下多么严重的错误,并建议英格兰银行多方考量不同观点,一定能获益匪浅。在报道发表几周之后,人们并不感到惊讶,英国政府决定任命一位加拿大人担任英格兰银行行长。这是300多年来英格兰银行的第一位外国行长。

遵循传统智慧潜在的危险突显了美联储这股重要力量的优势。美联储创建于1913~1914年,由12家地方储备银行和位于华盛顿的联邦储备委员会组成。最初,地方储备银行拥有非常大的自主权。在"大萧条"后，地方储备银行的独立性被视为制定统一货币政策的阻碍，之后被剥夺这种独立性，然后它们在政策制定过程中仅发挥协商的作用。美联储原有组织架构中有一个典型产物，即地方储备银行拥有自己的研究部门，每个研究部门都对经济政策拥有独特见解。一位地方储备银行的经济学家刚刚结束了在加拿大央行的相关研究，回到了美国。他给我讲了一个故事，揭示了美联储组织架构的优势。这位经济学家观察到，当他参加联邦储备委员会和地方储备银行组织的会议时，通常会接触到许多不同的政治观点。而他在渥太华参加会议的情况则不同，他感觉那里存在"加拿大银行的观点"，人们表达的观点不像美国那般多样。

因此，一条重要的策略能够避免制定出完全取决于意识形态或传统智慧的经济政策，那就是确保在政策制定过程中已经考虑过不同的观点。当然，和美联储拥有同样规模和组织结构的机构十分少见。但政策制定过程中观点的多样性，可以通过创建外部专家委员会或委托外部机构定期审查政策与政策制定过程来实现。目前，这种审查通常只会在经济危机后出现，但那时一切都为时已晚。

基于意识形态的政策也可以落实。因为政策制定过程中具有影响力的人们会很快选择坚持某一种观点（出于坚信或选举需要），实际分析论证可能会支持这种观点，也可能不会。只有客观可信的经济学分析才能说服这些政论家。这并不意味着，我们总是要对所有经济学的基本信念提出挑战。包括我自己在内的大部分经济学家都相信，作为如今工业化世界特征的以市场为基础的经济系统要比柏林墙推倒之前存在的苏联式计划经济系统更加优越。我们也都相信，把所有的个人所得税率设定为95%会扼杀劳动者的积极性，把个人所得税率设定在

5%则无法带来足够政府履行其核心职能的税收。我们还相信，相较于高贸易壁垒，相对自由的贸易环境能够提高人们的生活水平。在这些大前提下，经济学还存在相当大的异议和讨论的空间。此外，我们也应该对那些不论环境如何，经常推动议程向极端意识形态方向发展的人提出怀疑。

基于意识形态的政策行动的一个最佳案例是"不征收新税承诺"。这个政治理念由格罗佛·诺奎斯特领导的游说团体"支持税改美国人"（Americans for Tax Reform）负责推广，随后由茶党运动继续推进。第112届国会的几乎所有共和党成员都签署了这份提案。我们应该小心这些声称他们从来没有，也永远不会支持任何加税提案的政客。因为他们作出这种承诺不是出于意识形态，就是想赢得选举，或两者兼有。这和那些倾向于或支持征收较低税收，但承认有时增税也是必要的政客大不相同。美国面临着许多重要的长期和短期预算问题，还有迫在眉睫的债务上限和削减赤字的期限，很难想象反对征税的政论家如何面对严酷的财政现实。

政策制定者肯定愿意重新思考自己长期坚持的观念，并准备走出他们的意识形态舒适区。但怎么做到这一点？毕竟，像其他许多学科一样，经济学领域内的新观点从出现到被接纳需要多年。政策制定者如何才能知道某个经济学观点已经过时？或者说，他们如何才能知道环境中的变化何时会使先前一种高明的经济学思想失去效用？简而言之，政策制定者和对这些政策作出评判的公民要如何才能得知，最新提出的某项政策或政策调整是一项大胆的新计划，而不是鲁莽地跃入了深渊？

简短地回答，我们无从得知。但经济学确实能提供一些辅助判断的分析工具。理论和实证模型能够整合当前经济领域内诸多要素之间相互关系的多样理解，而且有助于预测政策可能带来的影响。成本效益分析能够预测并对比某条政策的支出和预期回报。历史和比较研究可以提供有用的类比，对时间地域不同、内容类似的政策进行结果分析。尽管没有哪一种工具是完美的，但这些工具已经在实践中证明了它们的价值。理论和实证模型可能是错误的，也受制于数据的局限；成本效益分析常会受到很多未知变量的影响；而历史和比较研究假设并不总是正确的，经济关系在时间和地域变化的情况下依然会保持稳定。虽然这些研究方法存在很多缺陷，但它们依然是政策制定者最强大的几种武器。运用这些工具对新提出的政策建议进行严格考察，会比盲目坚持意识形态或遵循先例更有可能最终得出明智的政策。

第二，政策制定者必须谨防私人利益和民族利益的影响。正如上文所说的那样，大部分经济政策都会产生分配性的后果。受到政府政策影响的人会努力保护他们自身的利益，会尝试获得政府的慷慨解囊或避开政府强加的监管负担。《多德－弗兰克华尔街改革和消费者保护法案》为金融市场设计了一系列新规则。在这份法案的指导下，美国消费者金融保护局成立，未来监管者与被监管者之间的斗争可能会变得越发激烈。人类自古以来一直在追求个人利益。个人、企业及各种利益共同体会联合起来影响政策。自由社会不能，也不应该剥夺这些人为自己发声的权利。然而，社会需要实行并维持一定的规则，防止社会中的某个阶级或群体对政策产生过大的影响。尽可能地提高政策制定过程的透明度，个人利益对社会政策带来的过大的影响会暴露在公众监督之下。正如美国最高法院大法官路易斯·布兰迪斯所说："阳光是最好的杀毒剂。"

第三，尽早识别出糟糕的政策并拨乱反正非常关键。这个方法也存在陷阱，因为喜欢实行新政策或废止旧政策的人常会宣称，他们提出的解决方案没有立刻被采纳，天就会塌下来。这种压力在经济危机爆发后最为巨大，各种极端预言和引发恐慌的言论会颠覆理性的讨论。在危机引发的废止旧政策和实行新政策的热潮中，各种私人利益加入立法与监管之争，麻烦会接踵而至。在深思熟虑和快速解决之间存在一种权衡，希望避免受到新法律法规约束的政客和私人利益群体最喜欢运用一种策略，即通过提出一种有待进一步研究的新解决方案来延迟新政策的实施。但这种策略会使事态变得更加复杂。

我们必须对经济政策进行严格的分析。有时候，这种分析会导致立场的转变，把政客置于一种必须"推翻"之前观点的尴尬境地。我常常想，对于表示"我在投票支持这项政策的时候觉得它很好，但现在我知道我错了，我已经准备向我曾经支持的一项政策投出反对票"的政府官员，我们应该给他们一两张"走出政治狗窝"的通行证。考虑到政治现状，我不会期待这一点会实现。某一天，一位改变政治立场而受到攻击的政客引用了凯恩斯在类似情况下作出的回答："当我犯了错，我会改变我的想法。那么你呢？"我会感到非常高兴。

致 谢

这是一本讲述失败的书。具体来说,失误的经济政策加上倒霉的运气,导致了一些相当可怕的结果:"失去的10年"轻松击败了一个超级经济大国;工业化世界遭遇了有史以来最严重的经济萧条;毁灭性的饥荒造成大量移民、贫困与死亡。轻松的时刻并不完全代表历史进程。

鉴于本书一直在探讨令人沮丧的话题,读者看完后可能会认为,我非常着迷于探讨坏选择和坏运气。简而言之就是探讨失败,但实际情况并非如此。在写这本书的过程中,同事、朋友、家人陪伴着我,我非常幸运地享受着每一天的生活。我非常感谢豪尔赫·阿罗约、泰奥·达吉、巴里·艾肯格林、杰夫·弗里登、露丝·格罗斯曼、蒂姆·吉南、今井正美与一些匿名评审员对本书的建设性意见评价。书中难免还会出现、肯定还遗漏了一些错误,但已经与他们无关。

感谢纽约联邦储备银行同意我援引本杰明·斯特朗的文章,感谢英国公共档案馆(UK Public Records

Office）同意我在本书中援引的皇冠级的资料。由衷地感谢雷恩哈德·梅同意我引用他的歌词。

非常感谢我的助理彼得·伯恩斯坦，感谢他对本书提出了多方面的建议。感谢牛津大学出版社的编辑特里·沃恩与斯科特·帕里斯，感谢他们的热情与耐心。感谢他们的编辑助理凯瑟琳·沃曼，感谢她对本书的审校工作。感谢文字编辑金尼·费伯和制作编辑肯德拉·米利斯为本书付出的辛勤劳动，感谢玛丽亚·库格林制作了索引。

感谢上帝赐予我和我妻子4个孩子：迪娜、乔舒亚、约纳坦与雅艾尔。他们善良，有爱心，对世界充满好奇。能够见证他们的成长是我最大的荣幸。

我的妻子露丝是我生命当中最重要的人。她的爱和支持意味着一切。

理查德·S.格罗斯曼
马萨诸塞州，牛顿中心
2013年4月

参考资料

A

[1]Adler, Michael (1970). "Specialization in the European Coal and Steel Community." *Journal of Common Market Studies* 8(3): 175.

[2]Ahamed, Liaquat (2009). *Lords of Finance: The Bankers Who Broke the World*. New York: Penguin Press.

[3]Amyx, Jennifer Ann (2004). *Japan's Financial Crisis: Institutional Rigidity and Reluctant Change*. Princeton, NJ: Princeton University Press.

[4]Andrews, Edmund L. (2009). *Busted: Life Inside the Great Mortgage Meltdown*. New York: W.W. Norton.

[5]Ashley, Percy(1920) .*Modern Tariff History: Germany — United States — France*. New York: E. P. Dutton.

[6]Atkin, Michael (1992). *The International Grain Trade*. Cambridge: Woodhead .

B

[1]Bagehot, Walter (1924). *Lombard Street*. London: J. Murray.

[2]Baldwin, Robert E. (1992). "Are Economists' Traditional Trade Policy Views Still Valid?" *Journal of Economic Literature* 30(2): 804–829.

[3]Ball, Lawrence (2012). "Ben Bernanke and the Zero Bound." NationalBureau of Economic Research (NBER) Working Paper 17836.

[4]Baring, Francis (1797 [1993]).*Observations on the Establishment of the Bank of England, and on the Paper Circulation of the Country*.London: Minerva Press .

[5]Bebr, Gerhard (1953). "The European Coal and Steel Community: A Political and Legal Innovation." *Yale Law Journal* 63(1): 1–43.

[6]Beer, George L. (1912). *The Old Colonial System*, 1660–1754. New York: Macmillan.

[7]Belasco, Amy (2009). "Troop Levels in the Afghan and Iraq Wars, FY2001－FY2012: Cost and Other Potential Issues." Washington, DC: Congressional Research Service Report R40682. July 2, 2009.

[8]Berglund, Abraham (1923). "The Tariff Act of 1922." *American Economic Review* 13(1): 14–33.

[9]Berglund, Abraham (1933). "Tariff Walls and Commercial Policy." *Annals of the American Academy of Political and Social Science* 170(1): 146–151.

[10]Bergmann, Carl (1927). *The History of Reparations*. Boston and New York: Houghton Mifflin.

[11]Bergmann, Carl (1930). "Germany and the Young Plan." *Foreign Affairs* 8(4): 583–597.

[12]Bernanke, Ben S. (1983). "Nonmonetary Effects of the Financial Crisis in Propagation of the Great Depression." *American Economic Review* 73(3): 257–276.

[13]Bernanke, Ben S. (1995). "The Macroeconomics of the Great Depression: A Comparative Approach." Journal of Money, *Credit and Banking* 27(1): 1–28.

[14]Bernanke, Ben S. (2009). "Four Questions about the Financial Crisis." Speech at Morehouse College, Atlanta, Georgia. http://www.federalreserve.gov/newsevents/speech/bernanke20090414a.htm. Retrieved December 13, 2012.

[15]Bhagwati, Jagdish (2002). *Free Trade Today*. Princeton, NJ: Princeton University Press.

[16]Bird, Alan. (2002). *Encyclopedia of Japanese Business and Management*. New York: Routledge.

[17]Board of Governors of the Federal Reserve System (2005).*The Federal Reserve System: Purposes and Functions*. Washington, DC : Board of Governors of the Federal Reserve System.

[18]Bogart, Ernest Ludlow (1920). *Direct and Indirect Costs of the Great World War*. New York: Oxford University Press.

[19]Bootle, Roger (2012). "Euro Break－up: Let Germany Lead the Northern Core and France the Rest." *Telegraph* online. July 5, 2012.http://www.telegraph.co.uk/finance/comment/9378302/Euro－break－up－Let－Germany－lead－the－northern－core－and－Francethe－rest.html.

[20]Bordo, Michael D. (1996). "Log－rolling, Partisanship, and Economic Interest in the Passage of the Hawley－Smoot Tariff: A Comment." *Carnegie－Rochester Conference Series on Public*

Policy 45: 201–205.

[21]Bordo, Michael D., Ehsan U. Choudhri, and Anna J. Schwartz (2002). "Was Expansionary Monetary Policy Feasible during the Great Contraction? An Examination of the Gold Standard Constraint." *Explorations in Economic History* 39(1): 1–28.

[22]Bordo, Michael D., Barry Eichengreen, Daniela Klingebiel, and Maria Soledad Martinez – Peria (2001). "Is the Crisis Problem Growing More Severe?" *Economic Policy* 32: 53–82.

[23]Bordo, Michael D. and Harold James (2008). "A Long Term Perspective on the Euro." Workshop EMU@10: Achievements and Challenges.

[24]Brussels: European Commission, Directorate – General for Economic and Financial Affairs.

[25]Bordo,MichaelD.and Lars Jonung(2003). "The Future of EMU: What Does the History of Monetary Unions Tell Us?" In *Monetary Unions*. Edited by Forrest Capie and Geoffrey Wood. London: MacMillan, 42–69.

[26]Borrell, Brent and Lionel Hubbard (2000). "Global Economic Effects of the EU Common Agricultural Policy." *Economic Affairs* 20(2): 18–26.

[27]Bourke, Austin (1993). *The Visitation of God? The Potato and the Great Irish Famine*. Dublin: Lilliput Press.

[28]Bourke, P. M. Austin. (1959 / 1960). "The Extent of the Potato Crop in Ireland at the Time of the Famine." *Journal of the Statistical and Social Inquiry Society of Ireland* 20(3): 1–35.

[29]Bremmer, Ian. (2011). "Greece Is Not Leaving the Eurozone, Not Now, Not Ever." *Financal Times*, September 28, 2011, http://blogs.ft.com/the – a – list/2011/09/28/greece – is – not – leaving – the – eurozonenot – now – not – ever/#axzz1bkwS8kFj.

[30]Broadberry, Stephen and Mark Harrison (2005). "The Economics of World War I: An Overview." In *The Economics of World War I*. Edited by Stephen Broadberry and Mark Harrison. Cambridge: Cambridge University Press, 3–40.

[31]Brown, J. Robert (1999). *The Ministry of Finance: Bureaucratic Practices and the Transformation of the Japanese Economy*. Westport, CT: Quorum Books.

[32]Brown, William Adams (1940). *The International Gold Stand ard Reinterpreted*, 1914 – 1934. New York: National Bureau of Economic Research.

[33]Broz, J. Lawrence and Richard S. Grossman (2004). "Paying for Privilege: The Political Economy of Bank of England Charters, 1694 – 1844." *Explorations in Economic History* 41(1): 48 – 72.

[34]Brunnermeier, Markus K. (2009). "Deciphering the Liquidity and Credit Crunch 2007 – 2008." *Journal of Economic Perspectives* 23(1): 77–

100.

[35]Bryson, Bill (2010). At Home: *A Short History of Private Life*. New York: Doubleday.

[36]Burns, Arthur F. (1988). *The Ongoing Revolution in American Banking*. Washington, DC: American Enterprise Institute.

C

[1]Caballero, Ricardo J., Takeo Hoshi , and Anil K. Kashyap (2008). "Zombie Lending and Depressed Restructuring in Japan." *American Economic Review* 98(5): 1943–1977.

[2]Cairncross, Alec (1986). *The Price of War: British Policy on German Reparations*, 1941–1949. New York: Blackwell.

[3]Cairncross, Alec and Barry Eichengreen (1983).*Sterling in Decline: The Devaluations of 1931, 1949, and 1967*. Oxford: Blackwell.

[4]Callahan, Colleen M., Judith A. McDonald , and Anthony Patrick O'Brien (1994). "Who Voted for Smoot－Hawley?" *Journal of Economic History* 54(3): 683–690.

[5]Cannon, James G. (1910).*Clearing Houses*. Washington, DC: Government Printing Office.

[6]Capie, Forrest (1981). "Shaping the British Tariff Structure in the 1930s." *Explorations in Economic History* 18(2): 155–173.

[7]Capie, Forrest, Charles Goodhart, Stanley Fischer, and Norbert Schnadt (1994). *The Future of Central Banking: The Tercentenary Symposium of the Bank of England*. Cambridge: Cambridge University Press.

[8]Caprio, Gerard Jr.and Daniela Klingebiel (2003). "Episodes of Systemic and Borderline Financial Crises." World Bank Working Paper. http://econ.worldbank.org/WBSITE/EXTERNAL/EXTDEC/EXTRESEARCH/0,,contentMDK:20699588~pagePK:64214825~piPK:64214943~theSitePK:469382,00.html.

[9]Cargill, Thomas F. (2000). "What Caused Japan's Banking Crisis?" In *Crisis and Change in the Japanese Financial System*. Edited by Takeo Hoshi and Hugh Patrick.Boston; Dordrecht, and London: Kluwer Academic, 37–58.

[10]Cargill, Thomas F. (2005). "Is the Bank of Japan's Financial Structure an Obstacle to Policy?" IMF Staff Papers 52(2): 311–334.

[11]Cargill, Thomas F., Michael M. Hutchison, and Takatoshi Ito (1997). *The Political Economy of Japanese Monetary Policy*. Cambridge, MA: MIT Press.

[12]Cargill, Thomas F., Michael M. Hutchison, and Takatoshi Ito (2000).

Financial Policy and Central Banking in Japan. Cambridge, MA: MIT Press.

[13]Cassel, Gustav (1920). "Further Observations on the World's Monetary Problem." *Economic Journal* 30(117): 39–45.

[14]Catterall, Ralph C. H. (1903). The Second Bank of the United States. Chicago: University of Chicago Press.

[15]Center on Japanese Economy and Business (2008). "Symposium Summary Report: Lessons from the Japanese Bubble for the U.S." New York: Columbia University, November 19, 2008. http://ajadvisers.com/risingsunblog/wp－content/uploads/2009/02/cjeb－111908－report_lessons－from－the－japanese－bubblefor－the－us.pdf. Accessed December 13, 2012.

[16]Chandler, Lester Vernon (1958). *Benjamin Strong*, Central Banker. Washington, DC: Brookings Institution.

[17]Chase, John L. (1954). "The Development of the Morgenthau Plan through the Quebec Conference." *Journal of Politics* 16(2): 324–359.

[18]Chinn, Menzie D. and Jeffrey A. Frieden (2011). *Lost Decades: The Making of America's Debt Crisis and the Long Recovery*. New York: W. W. Norton.

[19]Chomsisengphet, Souphala and Anthony Pennington－Cross (2006). "The Evolution of the Subprime Mortgage Market." *Federal Reserve Bank of St. Louis Review* 88(1): 31–56.

[20]Clapham, J. H. (1921). *The Economic Development of France and Germany*, 1815－1914. Cambridge: Cambridge University Press.

[21]Clarke, M. St. Clair and D. A. Hall (1832[1967]). *Legislative and Documentary History of the Bank of the United States, Including the Original Bank of North America*. New York: A. M. Kelley.

[22]Clarke, Stephen V. O. (1967). *Central Bank Cooperation*: 1924－1931. New York: Federal Reserve Bank of New York.

[23]Clarkson, L. A.and E. M. Crawford (1988). "Dietary Directions: A Topographical Survey of Irish Diet, 1836." In *Economy and Society in Scotland and Ireland, 1500－1939*. Edited by R. Mitchison and P. Roebuck. Edinburgh: J. Donald, 171–192.

[24]Clay, Henry (1957). *Lord Norman*. London: Macmillian.

[25]Clemens, Michael A.and Jeffrey G.Williamson (2004). "Why Did the Tariff－Growth Correlation Change after 1950?" *Journal of Economic Growth* 9(1): 5–46.

[26]Cobbett, William (1814). *The Parliamentary History of England*. London:T.C.Hansard.

[27]Conant, Charles A. (1896). *A History of Modern Banks of Issue*. New York: G. P. Putnam's Sons.

[28]Congressional Budget Office (2004). "Effective Tax Rates under Current Law, 2001 to 2014," August 2004. http://www.cbo.gov/publication/15919.

[29]Congressional Budget Office (2009). "Data on the Distribution of Federal Taxes and Household Income." http://www.cbo.gov/publications/collections/taxdistribution.cfm,Retrieved April 26, 2010.

[30]Cowen,David J.(2000). "The First Bank of the United States and the Securities Market Crash of 1792." *Journal of Economic History* 60(4): 1041–1060.

[31]Craig, Valentine V. (1998). "Japanese Banking: A Time of Crisis." *FDIC Banking Review* 11(2): 9–17.

[32]Crucini, Mario J. and James Kahn (1996). "Tariffs and Aggregate Economic Activity: Lessons from the Great Depression." *Journal of Monetary Economics* 38(3): 427–467.

D

[1]Dalzell, Robert F. and Lee Baldwin Dalzell (1998).*George Washington's Mount Vernon: At Home in Revolutionary America*. New York: Oxford University Press.

[2]Danker, Deborah J.and Matthew M.Luecke (2005). "Background on FOMC Meeting Minutes." Federal Reserve Bulletin 91: 175–179.

[3]David, Paul and Gavin Wright (1997). "Increasing Returns and the Genesis of American Resource Abundance." *Industrial and Corporate Change* 6(2): 203–245.

[4]Davies, Phil (2008). "The 'Monster' of Chestnut Street." *Federal Reserve Bank of Minneapolis Region* 22(3):8–11,40–46.

[5]Davis, Lance E. and Robert A. Huttenback (1986). *Mammon and the Pursuit of Empire: The Political Economy of British Imperialism,1860 – 1912*. Cambridge: Cambridge University Press .

[6]Dawes, Rufus C. (1925). *The Dawes Plan in the Making*. Indianapolis: Bobbs – Merrill.

[7]Dewald, William G.(1972). "The National Monetary Commission: A Look Back." *Journal of Money, Credit and Banking* 4(4): 930–956.

[8]Dewey, Davis R. (1934). *Financial History of the United States* . New York:Longmans, Green and Co.

[9]Dickerson, Oliver Morton(1951). *The Navigation Acts and the American Revolution*. Philadelphia: University of Pennsylvania Press.

[10]Donnelly, J.S. (2001). *The Great Irish Potato Famine*. Phoenix

Mill, Gloucestershire:Sutton Publishing.

[11]Dorn, Walter L. (1957). "The Debate over American Occupation Policy in Germany in 1944 – 1945."*Political Science Quarterly* 72(4): 481–501.

[12]Dornbusch, Rudiger and Stanley Fischer (1986)."The Open Economy: Implications for Monetary and Fiscal Policy." *In The American Business Cycle: Continuty and Change*. Edited by Robert J. Gordon. Chicago: University of Chicago Press, 459–516.

[13]Duncker, Max (1882). *The History of Antiquity*. London: Richard Bentley and Son.

[14]Dwyer, Gerald P. Jr. (1996). "Wildcat Banking, Banking Panics, and Free Banking in the United States." *Federal Reserve Bank of Atlanta Economic Review* 81(3–6): 1–20.

[15]Dziobek, Claudia and Ceyla Pazarbaştioğlu (1997). "Lessons and Elements of Best Practice." In *Systemic Bank Restructuring and Macroeconomic Policy*. Edited by William E. Alexander, Jeffrey M.Davis , Liam P. Ebrill , and Carl – Johan Lindgren. Washington, DC: IMF, 75–144.

E

[1]Edmondson, Amy C. (2011). "Strategies for Learning from Failure." *Harvard Business Review* 89(4): 42–54.

[2]Edwards, R. Dudley and T. Desmond Williams. (1957). *The Great Famine: Studies in Irish History, 1845 – 1852*. New York: New York University Press.

[3]Edwards, Sebastian (2009). "Protectionism and Latin America's Historical Economic Decline." *Journal of Policy Modeling* 31(4): 573–584.

[4]Egnal, Marc and Joseph A. Ernst (1972). "An Economic Interpretation of the American Revolution." *William and Mary Quarterly* 29(1): 4–32.

[5]Eichengreen, Barry (1989). "The Political Economy of the Smoot – Hawley Tariff." *Research in Economic History* 12: 1–43.

[6]Eichengreen, Barry (1992). *Golden Fetters: The Gold Standard and the Great Depression, 1919 – 1939.* New York: Oxford University Press.

[7]Eichengreen, Barry (1996).*Globalizing Capital*. Princeton, NJ: Princeton University Press.

[8]Eichengreen, Barry(1997). *European Monetary Unification: Theory, Practice, and Analysis*. Cambridge, MA: MIT Press.

[9]Eichengreen, Barry(2004). "Viewpoint: Understanding the Great Depression." *Canadian Journal of Economics / Revue canadienned'Economique* 37(1): 1–27.

[10]Eichengreen, Barry(2005). "Europe, the Euro and the ECB: Monetary Success, Fiscal Failure." *Journal of Policy Modeling* 27(4): 427–439.

[11]Eichengreen, Barry(2007a). "The Euro: Love It or Leave It?" Vox EU online. http://www.voxeu.org/index.php?q=node/729. Retrieved February 25, 2010.

[12]Eichengreen, Barry(2007b). "The Breakup of the Euro Area." NBER Working Paper 13393.

[13]Eichengreen, Barry(2009). "The Crisis and the Euro." Unpublished working paper, http://emlab.berkeley.edu/~eichengr/crisis_euro_5－1－09.pdf.

[14]Eichengreen, Barry(2010a). "Europe's Trojan Horse." http: www. project－syndicate.org/commentary/eichengreen14/English. Retrieved February 25, 2010.

[15]Eichengreen, Barry (2010b). "The Breakup of the Euro Area." In *Europe and the Euro*. Edited by Alberto Alesina and Francesco Giavazzi. Chicago: University of Chicago Press, 11–57.

[16]Eichengreen , Barry (2010c).*Exorbitant Privilege: The Decline of the Dollar and the Future of the International Monetary System*. New York: Oxford University Press.

[17]Eichengreen , Barry (2012). "Economic History and Economic Policy." *Journal of Economic History* 72(2): 289–307.

[18]Eichengreen, Barry and Marc Flandreau (1994). "The Geography of the Gold Standard." Centre for Economic Policy Research (CEPR) Discussion Paper 1050.

[19]Eichengreen, Barry and Douglas A. Irwin (1995). "Trade Blocs, Currency Blocs and the Reorientation of World Trade in the 1930s." *Journal of International Economics* 38(1–2): 1–24.

[20]Eichengreen, Barry and Douglas A. Irwin (2010). "The Slide to Protectionism in the Great Depression: Who Succumbed and Why?" *Journal of Economic History* 70(4): 871–897.

[21]Eichengreen, Barry and Jeffrey Sachs (1985). "Exchange Rates and Economic Recovery in the 1930s." *Journal of Economic History* 45(4): 925–946.

[22]Eichengreen, Barry and Peter Temin (2000). "The Gold Standard and the Great Depression." *Contemporary European History* 9(2): 183–207.

[23]Eichengreen, Barry, Marc Uzan, Nicholas Crafts, and Martin Hellwig

(1992). "The Marshall Plan: Economic Effects and Implications for Eastern Europe and the Former USSR." *Economic Policy* 7(14): 14–75.

[24]Eichengreen, Barry, Mark W. Watson, and Richard S. Grossman (1985). "Bank Rate Policy under the Interwar Gold Standard: A Dynamic Probit Model." *Economic Journal* 95(379): 725–745.

[25]Ekelund, Robert B. Jr. and Robert D. Tollison (1981).*Mercantilism as a Rent － Seeking Society: Economic Regulation in Historical Perspective*. College Station: Texas A&M University Press.

[26]Ekelund, Robert B. Jr. and Robert D. Tollison (1997).*Politicized Economies: Monarchy, Monopoly, and Mercantilism*. College Station: Texas A&M University Press .

[27]Elliott, Matthew and Allister Heath (2000). "The Failure of CAP Reform: A Public Choice Analysis." *Economic Affairs* 20(2): 42.

[28]Erzberger, Matthias (1919).*The League of Nations: The Way to the World's Peace*. New York: Henry Holt and Company.

[29]Evans, D. Morier (1859 [1969]).*The History of the Commercial Crisis, 1857 － 1858, and the Stock Exchange Panic of 1859*. New York: Augustus M. Kelly.

F

[1]Feavearyear, Albert (1963). *The Pound Sterling*. Oxford: Clarendon Press.

[2]Federal Reserve Bank of Philadelphia(2010). *The Second Bank of the United States: A Chapter in the History of Central Banking*. Philadelphia: Federal Reserve Bank of Philadelphia.

[3]Feldman, Gerald D.(1993).*The Great Disorder: Politics, Economics, and Society in the German Inflation, 1914 － 1924*. New York: Oxford University Press.

[4]Feldstein, Martin (1992). "The Case against the EMU." *Economist*. June 13, 1992, 23–26.

[5]Felix, David (1971). "Reparations Reconsidered with a Vengeance." *Central European History* 4(2): 171–179.

[6]Fenstermaker, J. Van and John E. Filer(1986). "Impact of the First and Second Banks of the United Statesand the Suffolk System on New England Bank Money: 1791 － 1837." *Journal of Money, Credit and Banking* 18(1): 28–40.

[7]Ferguson, Niall(2005). *Colossus: The Rise and Fall of the American Empire*. New York: Penguin Books.

[8]Fisher, Irving (1932). *Booms and Depressions: Some First Principles*. New York: Adelphi.

[9]Fisher, Irving (1933). "The Debt – Deflation Theory of Great Depressions." *Econometrica* 1: 337–357.

[10]Flandreau, Marc (1995). "An Essay on the Emergence of the International Gold Standard, 1870 – 1880." CEPR Discussion Paper 1210.

[11]Flandreau, Marc (1996). "The French Crime of 1873: An Essay on the Emergence of the International Gold Standard, 1870 – 1880." *Journal of Economic History* 56(4): 862–897.

[12]Frieden, Jeffry A. (2006).*Global Capitalism*. New York: W. W. Norton.

[13]Frieden, Jeffry A. (2012) "The Modern Capitalist World Economy: A Historical Overview." In *Oxford Handbook of Capitalism. Edited by Dennis Mueller*. New York: Oxford University Press, 17–37.

[14]Friedman, Milton (1990). "The Crime of 1873." *Journal of Political Economy* 98(6): 1159–1194.

[15]Friedman, Philip (1974).*The Impact of Trade Destruction on National Incomes; A Study of Europe, 1924 – 1938*. Gainesville: University Presses of Florida.

[16]Fukao, Mitsuhiro (1998). "Japanese Financial Instability and Weaknesses in the Corporate Governance Structure." *Seoul Journal of Economics* 11(4): 381–422.

[17]Fukao, Mitsuhiro (2003). "Japan's Lost Decade and Its Financial System." *World Economy* 26(3): 365–384.

[18]Fukao, Mitsuhiro (2007). "Financial Crisis and the Lost Decade." *Asian Economic Policy Review* 2(2): 273–297.

G

[1]Gallagher, Thomas Michael(1982).*Paddy's Lament: Ireland 1846 – 1847*. New York: Harcourt Brace Jovanovich.

[2]Gallatin, Albert(1879). *The Writings of Albert Gallatin*. 3 volumes. Philadelphia: J.B. Lippincott.

[3]Gandal, Neil and Nathan Sussman(1997). "Asymmetric Information and Commodity Money: Tickling the Tolerance in Medieval France." *Journal of Money, Credit and Banking* 29(4): 440–457.

[4]Garber, Peter M. (1998). "Notes on the Role of TARGET in a Stage III Crisis." NBER Working Paper 6619.

[5]Garnsey, Peter (1988).*Famine and Food Supply in the Graeco –

Roman World: Responses to Risk and Crisis. Cambridge and New York: Cambridge University Press.

[6]Gatell, Frank Otto (1966). "Sober Second Thoughts on Van Buren, the Albany Regency, and the Wall Street Conspiracy." *Journal of American History* 53(1): 19–40.

[7]Gibney, Frank (1998).*Unlocking the Bureaucrat's Kingdom: Deregulation and the Japanese Economy*. Washington, DC: Brookings Institution Press.

[8]Gooch, G. P.(1925). *The Later Correspondence of Lord John Russell: 1840 – 1878*. London: Longmans, Green.

[9]Goodhart, C. A. E. and Dirk Schoenmaker (1995). "Institutional Separation between Supervisory and Monetary Agencies." In *The Central Bank and the Financial System*. Edited by C. A. E. Goodhart .Cambridge, MA: MIT Press, 333–413.

[10]Goodman, John B.(1992).*Monetary Sovereignty: The Politics of Central Banking in Western Europe*. Ithaca, NY: Cornell University Press.

[11]Goodwin, Barry K., Ashok K. Mishra, and François Ortalo – Magné (2011). "The Buck Stops Where? The Distribution of Agricultural Subsidies." NBER Working Paper 16693.

[12]Gorton, Gary B.(2008). "The Subprime Panic." NBER Working Paper 14398.

[13]Gourinchas, Pierre – Olivier (2010). "U.S.Monetary Policy, 'Imbalances' and the Financial Crisis." Remarks prepared for the Financial Crisis Inquiry Commission Forum, February 26–27, 2010.

[14]Gray, Peter(1997). "Famine Relief Policy in Conmparative Perspective: Ireland, Scotland, and Northwestern Europe, 1845 – 1849." *EireIreland* 32(1): 86–108.

[15]Gray, Peter(1999). *Famine, Land, and Politics: British Government and Irish Society, 1843 – 1850*. Dublin: Irish Academic Press.

[16]Gregory, T. E.(1932). *The Gold Standard and Its Future*. New York: E.P. Dutton.

[17]Gregory, T. E.(1957). "'The Norman Conquest' Reconsidered." *Lloyds Bank Review* 46: 1–20.

[18]Grigg, Percy James (1948).*Prejudice and Judgment*. London: J. Cape.

[19]Gros, Daniel(2006). "Bubbles in Real Estate, A Longer – Term Comparative Analysis of Housing Prices in Europe and the US." CEPS Working Documents Number 239.

[20]Grossman, Richard S. (1982). " Bank Rate Policy by the Bank of England during the Gold Standard Years, 1925 – 1931." Unpublished A.B.

honors thesis, Harvard College.

[21]Grossman, Richard S.(1994). "The Shoe That Didn't Drop: Explaining Banking Stability during the Great Depression." *Journal of Economic History* 54(3): 654–682.

[22]Grossman, Richard S. (2010a). *Unsettled Account: The Evolution of Banking in the Industrialized World since 1800*. Princeton, NJ: Princeton University Press.

[23]Grossman, Richard S. (2010b). "The Emergence of Central Banks and Banking Regulation in Comparative Perspective." In *State and Financial Systems in Europe and the USA: Historical Perspectives on Regulation and Supervision in the Nineteenth and Twentieth Centuries*. Edited by Stefano Battilossi and Jaime Reis. Burlington, VT: Ashgate, 123–138.

[24]Grossman, Richard S. and Christopher M. Meissner (2010). "International Aspects of the Great Depression and the Crisis of 2007: Similarities, Differences, and Lessons." *Oxford Review of Economic Policy* 26(3): 318–338.

[25]Grubb, Farley(2008). "The Continental Dollar: How Much Was Really Issued?" *Journal of Economic History* 68(1): 283–291.

[26]Guinnane, Timothy W.(1994). "The Great Irish Famine and Population: The Long View." *American Economic Review* 84(2): 303–308.

[27]Guinnane, Timothy W. (1997a). "Ireland's Famine Wasn't Genocide." *Washington Post*. September 17, 1997, p. 19.

[28]Guinnane, Timothy W. (1997b).*The Vanishing Irish: Households, Migration, and the Rural Economy in Ireland, 1850 – 1914*. Princeton, NJ: Princeton University Press.

[29]Guinnane, Timothy W. (2004). "Financial Vergangenheitsbewältigung: The 1953 London Debt Agreement." Yale Economic Growth Center Discussion Paper 880.

[30]Guinnane, Thmothy W. and Cormac Ó Gráda (2002). "The Workhouses and Irish Famine Mortality." In *Famine Demography: Perspectives from the Past and Present*. Edited by Tim Dyson and Cormac Ó Gráda . Oxford: Oxford University Press, 44–64.

[31]Gylfason, Thorvaldur (1995). "The Macroeconomics of European Agriculture." Princeton Studies in International Finance Number 78. Haggard, Stephan (1985). "The Politics of Adjustment: Lessons from the IMF's Extended Fund Facility." International Organization 39(3): 505–534.

H

[1]Haggard, Stephan (1985). "The Politics of Adjustment: Lessons from the IMF's Extended Fund Facility."*International Organization* 39 (3): 505–534.

[2]Haines, Robin F.(2004). *Charles Trevelyan and the Great Irish Famine* Dublin: Four Courts Press.

[3]Hamada, Koichi(2004). "Policy Making in Deflationary Japan." *Japanese Economic Review* 55(3): 221–239.

[4]Hamada, Koichi and Asahi Noguchi (2005). "The Role of Preconceived Ideas in Macroeconomic Policy: Japan's Experiences in Two Deflationary Periods." *International Economics and Economic Policy* 2(2–3): 101–126.

[5]Hammond, Bray(1957). *Banks and Politics in America: From the Revolution to the Civil War*. Princeton, NJ: Princeton University Press.

[6]Harper, Lawrence A.(1939a). "The Effect of the Navigation Acts on the Thirteen Colonies." In *The Era of the American Revolution*. Edited by Richard B. Morris. New York: Columbia University Press, 3–39.

[7]Harper, Lawrence A.(1939b).*The English Navigation Laws: A Seventeenth – Century Experiment in Social Engineering*. New York: Columbia University Press.

[8]Harper, Lawrence A.(1942). "Mercantilism and the American Revolution." *Canadian Historical Review* 23(1): 1–15.

[9]Hartcher, Peter(1998).*The Ministry: How Japan's Most Powerful Institution Endangers World Markets*. Boston: Harvard Business School Press.

[10]Hartcher, Peter(2006). *Bubble Man: Alan Greenspan and the Missing 7 Trillion Dollars*. New York: W.W. Norton.

[11]Harvard Business Review(2009).*Harvard Business Review on Manufacturing Excellence at Toyota*. Boston : Harvard Business School Publishing Corporation.

[12]Hayford, Marc and Carl A. Pasurka(1992). "The Political Economy of the Fordney – McCumber and Smoot – Hawley Tariff Acts." *Explorations in Economic History* 29(1): 30–50.

[13]Heaton, Herbert(1937). "Heckscher on Mercantilism." *Journal of Political Economy* 45(3): 370–393.

[14]Heckscher, Eli F.(1935). *Mercantilism. 2 volumes*. London: George Allen & Unwin, Ltd.

[15]Heckscher, Eli F.(1954). *An Economic History of Sweden*. Cambridge, MA: Harvard University Press.

[16]Henderson, W. O.(1939). *The Zollverein*. Cambridge: The University Press.

[17]Hertz, J. H. (1960).*The Pentateuch and Haftorahs: Hebrew Text, English Translation, and Commentary*. London: Soncino Press.

[18]Hilbers, Paul, Alexander W. Hoffmaister, Angana Banerji, and Haiyan Shi (2008). "House Price Developments in Europe: A Comparison." IMF Working Paper WP/08/211.

[19]Hill, Berkeley (2000). "Agricultural Incomes and the CAP." *Economic Affairs* 20(2): 11.

[20]Hill, William(1893). "The First Stages of the Tariff Policy of the United States." *Publications of the American Economic Association* 8(6): 9–162.

[21]Hino, Satoshi(2006).*Inside the Mind of Toyota: Management Principles for Enduring Growth*. New York: Productivity Press.

[22]Hiwatari, Nobuhiro.(2000). "The Reorganization of Japan's Financial Bureaucracy: The Politics of Bureaucratic Structure and Blame Avoidance." In *Crisis and Change in the Japanese Financial System*.Edited by Takeo Hoshi and Hugh Patrick. Boston, Dordrecht, and London: Kluwer Academic, 109–136.

[23]Hochschild, Adam(1989). *King Leopold's Ghost: A Story of Greed, Terror, and Heroism in Colonial Africa*. Boston: Houghton Mifflin.

[24]Holdsworth, John Thom and Davis Rich Dewey(1910). *The First and Second Banks of the United States*. Washington, DC: Government Printing Office.

[25]Hoshi, Takeo (2002). "The Convoy System for Insolvent Banks: How It Originally Worked and Why It Failed in the 1990s." *Japan and the World Economy* 14(2): 155–180.

[26]Hoshi, Takeo (2006). "Economics of the Living Dead." *Japanese Economic Review* 57(1): 30–49.

[27]Hoshi, Takeo and Anil Kashyap (2000). "The Japanese Banking Crisis: Where Did It Come from and How Will It End?" In NBER *Macroeconomics Annual 1999*. Edited by Ben S. Bernanke and Julio J. Rotemberg. Volume 14. Cambridge, MA, and London: MIT Press, 129–201.

[28]Hoshi, Takeo and Anil K. Kashyap(2001). *Corporate Financing and Governance in Japan: The Road to the Future*. Cambridge, MA, and London: MIT Press.

[29]Hoshi, Takeo and Anil Kashyap(2009). "Will the U.S. Bank Recapitalization Succeed? Eight Lessons from Japan." Chicago Booth Working Paper 09–28.

[30]Hoshi, Takeo and Hugh Patrick(2000). "The Japanese Financial System: An Introductory Overview." In *Crisis and Change in the Japanese Financial System*. Edited by Takeo Hoshi and Hugh Patrick. Dordrecht and London: Kluwer Academic, 1–33.

[31]Howarth, Richard (2000). "The CAP: History and Attempts at Reform." *Economic Affairs* 20(2): 4–10.

[32]Howson, Susan(1975). *Domestic Monetary Management in Britain, 1919 – 38*. Cambridge and New York: Cambridge University Press.

[33]Hughes, Jonathan R. T. and Herman E. Krooss(1969). "Discussion." *American Economic Review* 59(2): 382–385.

I

[1]Irwin, Douglas A.(1993). "Multilateral and Bilateral Trade Policies in the World Trading System: An Historical Perspective." In *New Dimensions in Regional Integration*. Edited by Jaime de de Melo and Arvind Panagariya. New York: Cambridge University Press, 90–119.

[2]Irwin, Douglas A.(1996).*Against the Tide: An Intellectual History of Free Trade*. Princeton, NJ: Princeton University Press.

[3]Irwin, Douglas A.(1998a). "The Smoot – Hawley Tariff: A Quantitative Assessment," *Review of Economics and Statistics* 80(2): 326–334.

[4]Irwin, Douglas A.(1998b). "Changes in U.S.Tariffs: The Role of Import Prices and Commercial Policies." *American Economic Review* 88(4): 1015–1026.

[5]Irwin, Douglas A.(2002).*Free Trade under Fire*. Princeton, NJ: Princeton University Press.

[6]Irwin, Douglas A.(2003). "New Estimates of the Average Tariff of the United States, 1790 – 1820." *Journal of Economic History* 63(2): 506–513.

[7]Irwin, Douglas A.(2004). "'The Aftermath of Hamilton's 'Report on Manufactures.'" *Journal of Economic History* 64(3): 800–821.

[8]Irwin, Douglas A.(2006). "Merchandise Imports and Duties: 1790 – 2000." In *Historical Statistics of the United States*, Millennial Edition Online. Edited by Susan B. Carter, Scott Sigmund Gartner, Michael R. Haines, Alan L. Olmstead, Richard Sutch, and Gavin Wright . New York: Cambridge University Press, Table Ee424–430.

[9]Irwin, Douglas A. (2011a). *Peddling Protectionism: Smoot – Hawley and the Great Depression*. Princeton, NJ: Princeton University Press.

[10]Irwin, Douglas A. (2011b). "Anticipating the Great Depression? Gustav Cassel's Analysis of the Interwar Gold Standard." Unpublished working paper.

[11]Irwin, Douglas A. (2012a).*Trade Policy Disaster: Lessons from the 1930s*. Cambridge, MA: MIT Press.

[12]Irwin, Douglas A. (2012b). "The Return of the Protectionist

Illusion." *Wall Street Journal.* July 2, 2012, p. A11.

[13]Irwin, Douglas A. and Randall S. Kroszner (1996). "Log－rolling and Economic Interests in the Passage of the Smoot－Hawley Tariff." *Carnegie－Rochester Conference Series on Public Policy* 45: 173–200.

[14]Israel, Jonathan I. (1989).*Dutch Primacy in World Trade, 1585－1740.* Oxford: Clarendon Press.

[15]Israel, Jonathan I. (1997). "England's Mercantilist Response to Dutch World Trade Primacy, 1647－1674." In *Conflicts of Empires: Spain, the Low Countries and the Struggle for World Supremacy, 1585－1713.* Edited by Jonathan I. Israel. London : Hambledon Press, 305–318.

[16]Ito, Takatoshi, Hugh T. Patrick, and David E. Weinstein (2005). *Reviving Japan's Economy.* Cambridge, MA: MIT Press.

J

[1]James, Harold (2001).*The End of Globalization: Lessons from the Great Depression.* Cambridge, MA: Harvard University Press.

[2]James, Harold (2002). "Globalization and Great Depressions." *Orbis* 46(1): 127–136.

[3]Janis, Irving L. (1983).*Groupthink: Psychological Studies of Policy Decisions and Fiascoes.* Boston: Houghton Mifflin.

[4]Jones, Joseph M. (1934).*Tariff Retaliation; Repercussions of the Hawley－Smoot Bill.* Philadelphia: University of Pennsylvania Press.

[5]Jonung, Lars and Eoin Drea (2009). "The Euro: It Can't Happen, It's a Bad Idea, It Won't last. US Economists on the EMU, 1989－2002." European Economy Economic Papers 395.

K

[1]Kanaya, Akihiro and David Woo (2000). "The Japanese Banking Crisis of the 1990s: Sources and Lessons." IMF Working Paper 00/7.

[2]Kaplan, Edward S. (1996). *American Trade Policy, 1923－1995.* Westport, CT: Greenwood Press.

[3]Kent, Bruce (1989). *The Spoils of War: The Politics, Economics, and Diplomacy of Reparations, 1918－1932.* Oxford: Clarendon Press.

[4]Keynes, John Maynard (1920).*The Economic Consequences of the Peace.* New York: Harcourt, Brace and Howe.

[5]Keynes, John Maynard (1922). *A Revision of the Treaty*. London: Macmillan.

[6]Keynes, John Maynard (1925). *The Economic Consequences of Sterling Parity*. New York: Harcourt, Brace and Company.

[7]Keynes, John Maynard (1929). "The German Transfer Problem." *Economic Journal* 39(153): 1–7.

[8]Keynes, John Maynard (1932). *Essays in Persuasion*. New York: Harcourt, Brace and Company.

[9]Keynes, John Maynard (1936). *The General Theory of Employment, Interest and Money*. New York: Harcourt, Brace.

[10]Kindleberger, Charles P. (1968). "The Marshall Plan and the Cold War." *International Journal* 23(3): 369–382.

[11]Kindleberger, Charles Poor (1978). *Manias, Panics, and Crashes: A History of Financial Crises*. New York: Basic Books.

[12]Kindleberger, Charles Poor (1986). *The World in Depression, 1929 – 1939*. Berkeley: University of California Press.

[13]Kindleberger, Charles P. (1989). "Commercial Policy between the Wars." In *The Cambridge Economic History of Europe*. Vol. 8. Edited by Peter Mathias and Sidney Pollard. Cambridge Histories Online. Cambridge University Press. http://dx.doi.org/10.1017/ CHOL9780521225045.

[14]Kinealy, Christine (1994). *This Great Calamity: The Irish Famine, 1845 – 52*. Dublin: Gill & Macmillan.

[15]Klovland, Jan Tore (1998). "Monetary Policy and Business Cycles in the Interwar Years: The Scandinavian Experience." *European Review of Economic History* 2(3): 309–344.

[16]Knodell, Jane (1998). "The Demise of Central Banking and the Domestic Exchanges: Evidence from Antebellum Ohio." *Journal of Economic History* 58(3): 714–730.

[17]Kohn, Meir (2005). "Government Economic Policy in Preindustrial Europe." Unpublished working paper. http://www.dartmouth.edu/~mkohn/Papers/22%20economic%20intervention.pdf. Retrieved December 13, 2012.

[18]Krugman, Paul R. (1987). "Is Free Trade Passé?" *Journal of Economic Perspectives* 1(2): 131–144.

[19]Krugman, Paul R. (1999). *The Return of Depression Economics*. New York: W.W. Norton.

[20]Krugman, Paul (2010). "The Making of a Euromess." *New York Times*. February 14, 2010, p. A21.

[21]Kuczynski, R. R. (1926). "A Year of the Dawes Plan." *Foreign Affairs* 4(2): 254–263.

L

[1]Laeven, Luc and Fabian Valencia (2008). "The Use of Blanket Guarantees in Banking Crises." IMF Working Paper 08/250.

[2]League of Nations (1933).*World Economic Survey, 1932 – 1933*. Geneva: League of Nations.

[3]League of Nations (1938).*Monetary Review*. Geneva: League of Nations.

[4]Levine, Ross (2010). "An Autopsy of the U.S.Financial System: Accident, Suicide, or Negligent Homicide?" *Journal of Financial Economic Policy* 2(3): 196–213.

[5]Liker, Jeffrey K. (2004).*The Toyota Way: 14 Management Principles from the World's Greatest Manufacturer*. New York: McGraw – Hill.

[6]Lindgren, Carl – Johan, G. G. Garcia, and Matthew I. Saal (1996). *Bank Soundness and Macroeconomic Policy*. Washington, DC: International Monetary Fund.

[7]Livy (1921). *The History of Rome*. London: J.M. Dent.

[8]Loschky, David J. (1973). "Studies of the Navigation Acts: New Economic Non – History?" *Economic History Review* 26(4): 689–691.

[9]Lutz, H. L. (1930). "Inter – Allied Debts, Reparations, and National Policy." *Journal of Political Economy* 38(1): 29–61.

M

[1]Maddison, Angus (2009). "Statistics on World Population, GDP and Per Capita GDP, 1 – 2006 AD (March 2009, vertical file, copyright Angus Maddison)." Retrieved September 2009.

[2]Madsen, Jakob B. (2001). "Trade Barriers and the Collapse of World Trade during the Great Depression." *Southern Economic Journal* 67(4): 848–868.

[3]Maier, Charles S. (1975).*Recasting Bourgeois Europe: Stabilization in France, Germany, and Italy in the Decade after World War I*. Princeton, NJ: Princeton University Press.

[4]Mallory, Walter H. (1926).*China: Land of Famine*. New York: American Geographical Society.

[5]Mantoux, Étienne (1946).*The Carthaginian Peace; or, The Economic Consequences of Mr. Keynes*. London: G. Cumberlege.

[6]Marks, Sally (1978). "The Myths of Reparations." *Central European History* 11(3): 231–255.

[7]Martins, João Nogueira (2008). "Workshop EMU@10: Achievements and Challenges." *European Economy Research Letter* 2(1): 2–7.

[8]März, Eduard (1984).*Austrian Banking and Financial Policy: Creditanstalt at a Turning Point, 1913 − 1923*. London: Weidenfeld and Nicolson.

[9]McClelland, Peter D. (1969). "The Cost to America of British Imperial Policy." *American Economic Review* 59(2): 370–381.

[10]McClelland, Peter D. (1973). "The New Economic History and the Burdens of the Navigation Acts: A Comment." *Economic History Review* 26(4): 679–686.

[11]McDonald, Judith A., Anthony Patrick O'Brien, and Colleen M. Callahan (1997). "Trade Wars:Canada's Reaction to the Smoot − Hawley Tariff." *Journal of Economic History* 57(4): 802–826.

[12]McHugh, Roger J. (1957). "The Famine in Irish Oral Tradition." In *The Great Famine: Studies in Irish History, 1845 − 1952*. Edited by R. Dudley Edwards and T. Desmond Williams. New York: New York University Press, 391–436.

[13]Meissner, Christopher M. (2005). "A New World Order: Explaining The Emergence of an The Classical Gold Standard." *Journal of International Economics* 66(2): 385–406.

[14]Meltzer, Alan (1976). "Monetary and Other Explanations of the Start of the Great Depression." *Journal of Monetary Economics* 2(4): 455–471.

[15]Mencken, H.L. (2006). On *Politics: A Carnival of Buncombe*. Baltimore, MD: Johns Hopkins University Press.

[16]Merry, Henry J. (1955). "The European Coal and Steel Community. Operations of the High Authority." *Western Political Quarterly* 8(2): 166–185.

[17]Milhaupt, Curtis J. and Geoffrey P. Miller (2000). "Regulatory Failure and the Collapse of Japan's Home Mortgage Industry: A Legal and Economic Analysis." *Law and Policy* 22(3/4): 245–290.

[18]Minford, Patrick. (1992).*The Cost of Europe*. Manchester: Manchester University Press.

[19]Minsky, Hyman P. (1970). "Financial Instability Revisited: The Economics of Disaster." Prepared for the Steering Committee for the Fundamental Reappraisal of the Discount Mechanism Appointed by the Board of Governors of the Federal Reserve System.

[20]Minsky, Hyman P. (1982). *Can 'It 'Happen Again*? New York: M.E. Sharp.

[21]Miron, Jeffrey A. (1986). "Financial Panics, the Seasonality of the Nominal Interest Rate, and the Founding of the Fed." *American Economic Review* 76(1): 125 − 140.

[22]Mitchel, John (2005).*The Last Conquest of Ireland (Perhaps)*. Dublin: University College Dublin Press.

[23]Mitchell, B. R. (1978).*European Historical Statistics, 1750 – 1970*. New York: Columbia University Press.

[24]Moggridge, D. E. (1972).*British Monetary Policy, 1924 – 1931: The Norman Conquest of $4.86*. Cambridge: Cambridge University Press.

[25]Mokyr, Joel (1981). "Irish History with the Potato." *Irish Economic and Social History* 8: 8–29.

[26]Mokyr, Joel (1983).*Why Ireland Starved: A Quantitative and Analytical History of the Irish Economy*. London: George Allen and Unwin.

[27]Mokyr, Joel and Cormac Ó Gráda (2002). "Famine Disease and Famine Mortality: Lessons from the Irish." In *Famine Demography: Perspectives from the Past and Present*. Edited by Tim Dyson and Cormac Ó Gráda. Oxford: Oxford University Press, 19–43.

[28]Molle, Willem (2001).*The Economics of European Integration: Theory, Practice, Policy*. Aldershot, UK, and Burlington, VT: Ashgate.

[29]Mongelli, Francesco Paolo (2008). "European Economic and Monetary Integration, and the Optimum Currency Area Theory." Workshop EMU@10: Achievements and Challenges.

[30]Mora, Nada (2008). "The Effect of Bank Credit on Asset Prices: Evidence from the Japanese Real Estate Boom during the 1980s." *Journal of Money, Credit and Banking* 40(1): 57–87.

[31]Morganthau, Henry Jr. (1947). "Our Policy on Germany." *New York Post*. November 24, 1947.

[32]Moulton, Harold Glenn and Leo Pasvolsky (1932).*War Debts and World Prosperity*. Washington, DC: Brookings Institution.

[33]Mullins, Claud (1921). *The Leipzig Trials: An Account of the War Criminals' Trials and a Study of German Mentality*. London: H. F. & G. Witherby.

[34]Mundell, Robert A. (1961). "A Theory of Optimum Currency Areas." *American Economic Review* 51(4): 657–665.

[35]Munro, John H. (1983). "Medieval Monetary Problems: Bimetallism and Bullionism." *Journal of Economic History* 43(1): 294–298.

[36]Myers, Margaret G. (1970). *A Financial History of the United States*. New York: Columbia University Press.

N

[1]Nakaso, Hiroshi (2001). "The Financial Crisis in Japan during the

1990s: How the Bank of Japan Responded and the Lessons Learnt."BIS Papers 6.

[2]Nelson, Rebecca M., Paul Belkin, and Derek E. Mix (2010)."Greece's Debt Crisis: Overview, Policy Responses, and Implications." Washington, DC: Congressional Research Service Report R41167.

[3]Nettels, Curtis P. (1952). "British Mercantilism and the Economic Development of the Thirteen Colonies." *Journal of Economic History* 12(2): 105–114.

[4]Nomura Fixed Income Research (2004). "CDOs in Plain English: A Summer Intern's Letter Home." http://www.vinodkothari.com/Nomura_cdo_plainenglish.pdf.

[5]Nunn, Nathan and Nancy Qian (2011). "The Potato's Contribution to Population and Urbanization: Evidence from a Historical Experiment." *Quarterly Journal of Economics* 126 (2): 593–650.

O

[1]Ó Gráda, Cormac (1989). *The Great Irish Famine*. Houndmills, Basingstoke, Hampshire: Macmillan .

[2]Ó Gráda, Cormac (1999).*Black '47 and Beyond: The Great Irish Famine in History, Economy, and Memory*. Princeton, NJ: Princeton University Press.

[3]Ó Gráda, Cormac (2007). "Making Famine History." Journal of Economic Literature 45(1): 5–38.

[4]Ó Gráda, Cormac (2009).*Famine: A Short History*. Princeton, NJ: Princeton University Press.

[5]O'Brien , Anthony Patrick (1994). "The Economic Effects of the Great War." *History Today* 44(12): 22–29.

[6]Ogg, David (1921).*Sully's Grand Design of Henry IV. From the Memoirs of Maximilien de Béthune, duc de Sully (1559 – 1641)*. London: Sweet and Maxwell.

[7]O'Neill, Thomas P. (1957). "The Organisation and Administration of Relief, 1845 – 52." In *The Great Famine: Studies in Irish History, 1845 – 1852*. Edited by R. Dudley Edwards and T. Desmond Williams. New York: New York University Press, 209–259.

[8]Oppers, Stefan Erik (1996). "Was the Worldwide Shift to Gold Inevitable? An Analysis of the End of Bimetallism." *Journal of Monetary Economics* 37(1): 143–162.

[9]Orlander, Jay D. and B. Graeme Fincke (2003). "Morbidity and Mortality Conference." *Journal of General Internal Medicine* 18(8): 656–658 .

[10]O'Rourke, Kevin (1994). "The Economic Impact of the Famine in the Short and Long Run." *American Economic Review* 84(2): 309–313.

[11]Osono, Emi, Norihiko Shimizu, Hirotaka Takeuchi, and John Kyle Dorton (2008).*Extreme Toyota: Radical Contradictions That Drive Success at the World's Best Manufacturer*. Hoboken: John Wiley & Sons.

P

[1]Packer, Frank (2000). "The Disposal of Bad Loans in Japan: The Case of the CCPC." In *Crisis and Change in the Japanese Financial System*. Edited by Takeo Hoshi and Hugh Patrick. Boston: Kluwer Academic, 137–157.

[2]Pastor Robert (1980). *Congress and the Politics of U.S. Foreign Economic Policy, 1929–1976*. Berkeley University of California Press.

[3]Patrick, Hugh (1999). "Japan's Financial Reform." Asia Pacific Economic Papers 288.

[4]Peek, Joe and Eric S. Rosengren (2005). "Unnatural Selection: Perverse Incentives and the Misallocation of Credit in Japan." *American Economic Review* 95(4): 1144–1166.

[5]Peng, Xizhe (1987). "Demographic Consequences of the Great Leap Forward in China's Provinces." *Population and Development Review* 13(4): 639–670.

[6]Perkins, Edwin J. (1983). "Langdon Cheves and the Panic of 1819: A Reassessment." *Journal of Economic History* 44(2): 455–461.

[7]Pick, Albert (1977).*Standard Catalog of World Paper Money*. Iola, WI: Krause Publications.

[8]Polybius (1922).*The Histories*. New York: G.P. Putnam's Sons.

[9]Porter, Eduardo (2004). "On Presidential Politics, the Fed Walks a Tight Rope." *New York Times*. January 28, 2004, p. C1.

[10]Price, Jacob M. (1965). "Discussion of Thomas and Land Papers." *Journal of Economic History* 25(4): 655–659.

R

[1]Rajan, Raghuram. (2005). "Financial Markets, Financial Fragility, and Central Banking." *Jackson Hole Symposium*, Federal Reserve Bank of Kansas City. http://www.kansascityfed.org/publicat/sympos/2005/pdf/Rajan2005.pdf.

[2]Ransom, Roger L. (1968). "British Policy and Colonial Growth: Some Implications of the Burden from the Navigation Acts." *Journal of Economic History*

28(3): 427–435.

[3]Redish, Angela (1990). "The Evolution of the Gold Standard in England." *Journal of Economic History* 50(4): 789–805.

[4]Redish, Angela (2000).*Bimetallism: An Economic and Historical Analysis*. Cambridge and New York: Cambridge University Press.

[5]Reid, Joseph D., Jr. (1970). "On Navigating the Navigation Acts with Peter D. McClelland: Comment." *American Economic Review* 60(5): 949–955.

[6]Reid, Joseph D. Jr. (1978). "Economic Burden: Spark to the American Revolution?" *Journal of Economic History* 38(1): 81–100.

[7]Reid, T.R. and James L. Stanfield (1997). "The World According to Rome." *National Geographic* 192 (2): 54–83.

[8]Rickard, Sean (2000). "The CAP: Whence It Came, Where It Should Go." *Economic Affairs* 20(2): 27.

[9]Ritschl, Albrecht (1996). "Sustainability of High Public Debt: What the Historical Record Shows." CEPR Discussion Paper 1357.

[10]Robertson, D. H. (1926). "A Narrative of the General Strike of 1926." *Economic Journal* 36(143): 375–393.

[11]Rockoff, Hugh (1985). "New Evidence on Free Banking in the United States." American Economic Review 75(4): 886–889.

[12]Rockoff, Hugh (1990). "The 'Wizard of Oz' as a Monetary Allegory." *Journal of Political Economy* 98(4): 739–760.

[13]Rolnick, Arthur J. and Warren E. Weber (1983). "New Evidence on the Free Banking Era." *American Economic Review* 73(5): 1080–1091 .

[14]Roubini, Nouriel (2012). "Greece Must Go." *Slate.com*, May 18, 2012. http://www.slate.com/articles/news_and_politics/politics/2012/05/greece_will_leave_the_eurozone_sooner_or_later_sooner_is_better_.html . Retrieved October 28, 2012.

[15]Rosenstein － Rodan, P. N. (1945). "How Much Can Germany Pay?" *International Affairs (Royal Institute of International Affairs 1944 －1921*(4): 469–476 .

S

[1]Sargent, Thomas J. (1982). "The Ends of Four Big Inflations." In *Inflation: Causes and Effects*. Edited by Robert E. Hall .Chicago: University of Chicago Press, 41–98.

[2]Sarkees , Meredith Reid (2000). "The Correlates of War Data on War: An Update to 1997." *Conflict Management and Peace Science* 18(1): 123–144.

[3]Sarkees , Meredith Reid , and Frank Wayman (2010).*Resort to War:*

1816 — 2007. Washington, DC: CQ Press.

[4]Sawers, Larry (1992). "The Navigation Acts Revisited." *Economic History Review* 45(2): 262–284.

[5]Schacht, Hjalmar (1931). *The End of Reparations*. New York: Jonathan Cape & Harrison Smith.

[6]Schattschneider, E. E. (1935). *Politics, Pressures and the Tariff; A Study of Free Private Enterprise in Pressure Politics, as Shown in the 1929 — 1930 Revision of the Tariff*. New York: Prentice — Hall.

[7]Schmoller, Gustav (1897). *The Mercantile System and its Historical Significance (1884)*. New York: Macmillan.

[8]Schonhardt — Bailey, Cheryl, ed. (1996). *Free Trade: The Repeal of the Corn Laws*. Bristol, England: Thoemmes Press.

[9]Schonhardt — Bailey, Cheryl (2006). From *the Corn Laws to Free Trade: Interests, Ideas, and Institutions in Historical Perspective*. Cambridge, MA: MIT Press.

[10]Schubert, Aurel (1991). *The Credit — Anstalt Crisis of 1931*. Cambridge: Cambridge University Press.

[11]Schuker, Stephen A. (1988). *American "Reparations" to Germany, 1919 — 1933: Implications for the Third — World Debt Crisis*. Princeton, NJ: International Finance Section, Princeton University.

[12]Schularick, Moritz and Alan M. Taylor (2012). "Credit Booms Gone Bust: Monetary Policy, Leverage Cycles, and Financial Crises,1870 — 2008." *American Economic Review* 102(2): 1029 — 1061.

[13]Schweikart, Larry (1991). "U.S.Commercial Banking: A Historiographical Survey." *Business History Review* 65(3): 606–661.

[14]Scott, H. S. (1998). "When the Euro Falls Apart." *International Finance* 1(2): 207–228.

[15]Sharp, Alan (2008). *The Versailles Settlement: Peacemaking after the First World War, 1919 — 1923*. New York: Palgrave Macmillan.

[16]Silverman, Dan P. (1982). *Reconstructing Europe after the Great War*. Cambridge, MA: Harvard University Press.

[17]Skidelsky, Robert (1986). *John Maynard Keynes: Hopes Betrayed, 1883 — 1920*. New York: Viking.

[18]Sprague, O. M. W. (1910). *History of Crises under the National Banking System*. Washington, DC: Government Printing Office.

[19]Stanwood, Edward (1903). *American Tariff Controversies in the Nineteenth Century*. Boston: Houghton, Mifflin.

[20]Stockton, David (2012). *Review of the Monetary Policy Committee's Forecasting Capability*. Report to the Court of Directors of the Bank of England, October 2012. http://www.bankofengland.co.uk/publifcations/Documents/

news/2012/cr3stockton.pdf . Retrieved November 21, 2012.

[21]Stowell, Ellery C. (1930). "Tariff Relations with France." *American Journal of International Law* 24(1): 110–118.

[22]Sussman, Nathan (1993). "Debasements, Royal Revenues, and Inflation in France during the Hundred Years' War, 1415 – 1422." *Journal of Economic History* 53(1): 44–70.

[23]Sylla, Richard (2011). "Financial Foundations: Public Credit, the National Bank, and Securities Markets." In *Founding Choices: American Economic Policy in the 1790s*. Edited by Douglas A. Irwin and Richard Sylla. Chicago: University of Chicago Press, 59–88.

T

[1]Taussig, F. W. (1931 [1966]).*The Tariff History of the United States*. New York: Johnson Reprint Corp.

[2]Taylor, John (2007). "Housing and Monetary Policy." Paper presented for Policy Panel at the Symposium on Housing, Housing Finance, and Monetary Policy sponsored by the Federal Reserve Bank of Kansas City in Jackson Hole, Wyoming. http://www. stanford.edu/~johntayl/Housing%20and%20 Monetary%20 Policy－－Taylor－－Jackson%20Hole%202007.pdf.

[3]Taylor, John (2008). "The Financial Crisis and the Policy Responses: An Empirical Analysis of What Went Wrong." Bank of Canada Festschrift in Honour of David Dodge. http://www.stanford.edu/~johntayl/FCPR.pdf.

[4]Taylor, John (2009). "How Government Created the Financial Crisis." *Wall Street Journal*. February 9, 2009, p. A19.

[5]Temin, Peter (1968). "The Economic Consequences of the Bank War." *Journal of Political Economy* 76(2): 257–274.

[6]Teranishi, Juro (1994). "Japan: Development and Structural Change of the Financial System." In *The Financial Development of Japan, Korea, and Taiwan*. Edited by Hugh T. Patrick and Yung Chul Park .New York and Oxford: Oxford University Press, 27–80.

[7]Tett, Gillian (2012). "A Finnish Parallel Currency Is Imaginable." *Financial Times*, October 26, 2012. http://www.ft.com/intl/cms/s/0/14cbb94e－1ebb－11e2－b906－00144feabdc0.html#axzz2AGnfii5n.

[8]Tett, Gillian (2009).*Fool's Gold*. New York: Free Press.

[9]Thomas, Robert Paul (1965). "A Quantitative Approach to the Study of the Effects of British Imperial Policy upon Colonial Welfare: Some Preliminary Findings." *Journal of Economic History* 25(4): 615–638.

[10]Thomas, Robert Paul (1968). "British Imperial Policy and the Economic

Interpretation of the American Revolution." *Journal of Economic History* 28(3): 436–440.

[11]Thomas, Samuel Evelyn (1934).*The Rise and Growth of Joint Stock Banking*. London: Sir I. Pitman and Sons, Ltd.

[12]Timberlake, Richard H. (1978).*The Origins of Central Banking in the United States*. Cambridge, MA: Harvard University Press.

[13]Trachtenberg, Marc (1980).*Reparation in World Politics: France and European Economic Diplomacy, 1916 – 1923*. New York: Columbia University Press.

[14]Trevelyan, Charles E. (1848).*The Irish Crisis*. London: Longman, Brown, Green & Longmans.

[15]Trouton, R. (1921). "Cancellation of Inter – Allied Debts." *Economic Journal* 31(121): 38–45.

[16]Tryon, James L. (1911). "The Rise of the Peace Movement." *Yale Law Journal* 20(5): 358–371.

[17]Turner, Adair (2010). "Economics, Conventional Wisdom and Public Policy." Institute for New Economic Thinking Inaugural Conference, April 2010. http://ineteconomics.org/sites/inet.civicactions.net/files/INET%20Turner%20%20Cambridge%2020100409_0.pdf .Retrieved November 21, 2012.

U

[1]Ueda, Kazuo (2000). "Causes of Japan's Banking Problems in the 1990s." In *Crisis and Change in the Japanese Financial System*. Edited by Takeo Hoshi and Hugh Patrick. Boston, Dordrecht, and London: Kluwer , 59–81.

[2]United Kingdom. Committee on Currency and Foreign Exchanges after the War [Cunliffe Committee] (1918). *First Interim Report*. London: HMSO. Cd. 9182.

[3]United Kingdom. Committee on Currency and Foreign Exchanges after the War [Cunliffe Committee] (1919).*Final Report*. London: HMSO. Cmd. 464.

[4]United Kingdom. Committee on the Currency and Bank of England Note Issues [Chamberlain – Bradbury Committee] (1925).*Report*. London: HMSO. Cmd. 2393.

[5]United States. Bureau of Labor Statistics (2008). "International Comparisons of Annual Labor Force Statistics, 10 Countries, 1960 – 2007." http://iwsdninternational.blogspot.com/2008/10/ iws – bls – international – comparison – of.html.

[6]Urwin, Derek W. (1991).*The Community of Europe: A History of European Integration since 1945*. London and New York : Longman.

V

[1]Van Tyne, Calude H. (1951).*The Causes of the War of Independence*. New York: Peter Smith.

[2]Vogel, Steven K. (1996).*Freer Markets, More Rules: Regulatory Reform in Advanced Industrial Countries*. Ithaca: Cornell University Press.

[3]von Glahn, Richard (1996). "Myth and Reality of China's Seventeenth – Century Monetary Crisis." *Journal of Economic History* 56(2): 429–454.

W

[1]Walton, Gary M. (1971). "The New Economic History and the Burdens of the Navigation Acts." *Economic History Review* 24(4): 533–542.

[2]Walton, Gary M. (1973). "The Burdens of the Navigation Acts: A Reply." *Economic History Review* 26(4): 687–688.

[3]Warburg, Paul M. (1930). *The Federal Reserve System: Its Origin and Growth*. New York: Macmillan.

[4]Webb, Steven B. (1989). *Hyperinflation and Stabilization in Weimar Germany*. New York: Oxford University Press.

[5]Weigall, David and Peter Stirk (1992).*The Origins and Development of the European Community*. Leicester: Leicester University Press.

[6]Wells, David A. (1900). *The Theory and Practice of Taxation*. New York: D. Appleton and Company.

[7]Whaples, Robert (1995). "Where Is There Consensus among American Economic Historians? The Results of a Survey on Forty Propositions." *Journal of Economic History* 55(1): 139–154.

[8]Whaples, Robert (2006). "Do Economists Agree on Anything? Yes!" *The Economists' Voice* 3(9): 1–6.

[9]White, Eugene N. (2001). "Making the French Pay: The Costs and Consequences of the Napoleonic Reparations." *European Review of Economic History* 5(3): 337–365.

[10]Williamson, Jeffrey G. (2006). "Explaining World Tariffs 1870 – 1938: Stolper – Samuelson, Strategic Tariffs and State Revenues." In *Eli F. Heckscher, International Trade, and Economicv History*. Edited by R. Findlay,

R. Henriksson, H. Lindgren , and M. Lundahl. Cambridge, MA: MIT Press, 199–228.

[11]Winters, Bill (2012). "Review of the Bank of England's Framework for Providing Liquidity to the Banking System." Report to the Court of Directors of the Bank of England, October 2012. http://www.bankofengland.co.uk/publications/Documents/news/2012/cr2winters.pdf . Retrieved November 21, 2012.

[12]Woodham－Smith, Cecil (1962).*The Great Hunger: Ireland 1845－1849.* New York: Harper & Row.

[13]World Trade Organization. (2012). "Report to the Trade Policy Review Body from the Director－General on Trade－Related Developments." Released June 29, 2012. http://www.wto.org/english/news_e/news12_e/fullreport.doc. Retrieved November 16, 2012.

[14]Wyplosz, Charles (2006). "European Monetary Union: The Dark Sides of a Major Success." *Economic Policy* 21(46): 207–261.

Y

[1]Yeager, Leland B. (1966). *International Monetary Relations: Theory, History, and Policy.* New York: Harper and Row.

[2]Yoder, Amos (1955). "The Ruhr Authority and the German Problem." *Review of Politics* 17(3): 345–358.

[3]Youngson, A. J. (1960). *The British Economy, 1920－1957.* London: George Allen & Unwin.

"iHappy 书友会"会员申请表

姓　名（以身份证为准）：_____　　性　别：_____

年　龄：_____　　　　　　　　　　职　业：_____

手机号码：_____　　　　　　　　　E－mail：_____

邮寄地址：_____　　　　　　　　　邮政编码：_____

微信账号：_____（选填）

请严格按上述格式将相关信息发邮件至中资海派"iHappy 书友会"会员服务部。
　　邮　箱：zzhpHYFW@126.com
　　微信联系方式：请扫描二维码或查找 zzhpszpublishing 关注"中资海派图书"

优惠订购	订阅人		部门		单位名称	
	地　址					
	电　话				传　真	
	电子邮箱		公司网址		邮　编	
	订购书目					
	付款方式	邮局汇款	中资海派商务管理（深圳）有限公司 中国深圳银湖路中国脑库 A 栋四楼　　　　邮编：518029			
		银行电汇或转账	户　名：中资海派商务管理（深圳）有限公司 开户行：招行深圳科苑支行 账　号：81 5781 4257 1000 1 交通银行卡户名：桂林　　卡　号：622260 1310006 765820			
	附注	1. 请将订阅单连同汇款单影印件传真或邮寄，以凭办理。 2. 订阅单请用正楷填写清楚，以便以最快方式送达。 3. 咨询热线：0755 – 25970306 转 158、168　传　真：0755 – 25970309 转 825 E – mail：szmiss@126.com				

→利用本订购单订购一律享受九折特价优惠。

→团购 30 本以上八五折优惠。